지렁이를 닮아요

대한과학진흥회 _엮음

스완미디어
SWAN MEDIA

책 머리에

오늘날 우리들은 고도로 발달된 과학 문명의 혜택 속에 살고 있습니다.

우리의 선진 조국 창조를 위해 무엇보다 중요한 것이 과학기술의 개발입니다. 특히 자원이 부족한 우리나라에서 가꾸어야 할 유일한 자원은 과학 기술로 무장한 풍부한 인력 자원입니다.

대한 과학 진흥회에서는 배우는 학생들을 위해 사물을 깊이 관찰하는 습관과 합리적이고 창의적인 과학적 사고를 심어 주기 위한 방법의 하나로 과학 문고를 엮어 내고 있습니다.

과학 문고를 펴냄에 있어서 딱딱한 과학지식을 그림을 곁들여 쉽고 재미있게 이야기로 풀어 써서 학생들이 스스로 원리를 발견하고 재미를 느끼게 함으로써 과학의 여러 분야에 대하여 흥미를 갖고 접근할 수 있도록 하였습니다.

이 책과 더불어 많은 학생들이 과학에 깊은 관심을 갖고 탐구심과 창의력을 기르며 과학을 생활화 할 줄 아는 사람이 되는데 많은 도움이 되었으면 하고 바라는 마음 간절합니다.

기획편찬 **대한과학진흥회**

차례

지구의 보물

"**개울아**, 빨리 와서 빈대떡 먹어."

새싹이는 발돋움을 한 채로 화장대 위에 있는 수화기를 들고 신이 나서 말했습니다. 숨가쁘게 말하는 새싹이의 말에 개울이도 들뜬 목소리로 알았다는 말을 몇 번이고 되풀이했습니다.

"개울아, 빨리 와야 돼. 거의 다 만들었어."

새싹이는 다시 한 번 외쳤습니다.

"응, 금방 달려갈게."

그 말을 들던 새싹이는 다시 수화기에 대고 큰 소리로 외쳤습니다.

"개울아, 들레 누나랑 같이 와야 돼!"

"응!"

개울이는 건성으로 급히 대답하고는 얼른 수화기를 내려놓았습니다. 새싹이는 뚜뚜 신호 소리가 들려오는 수화기를 들고 서서 들레 누나를 떠올려보았습니다.

들레 누나는 개울이 누나입니다. 성이 민씨인 들레 누나는 이름만큼이나 얼굴도 예쁩니다. 보조개가 들어가는 들레 누나의 하얀 얼굴을 보고 있으면 운동장가에 피어 있던

민들레꽃이 생각났습니다. 아무리 생각해도 가무잡잡한 개울이와는 닮지 않은 얼굴입니다.

'개울이는 좋겠다. 예쁜 누나가 있어서…… 나한테는 왜 뚱뚱한 형밖에 없지?'

새싹이는 아빠처럼 배가 나온 우람이 형보다 예쁜 민들레 누나가 좋았습니다.

그 때 쿵쾅쿵쾅 마루가 울렸습니다.

"새싹아, 새싹아, 내가 네 생일 선물 사 왔다."

우람이 형이 방문을 벌컥 열어젖히고 뛰어들어왔습니다.

"자, 빨리 뜯어 봐."

우람이 형은 포장지에 싼 선물을 내밀었습니다.

"고마워, 형."

새싹이는 서둘러 선물 포장을 뜯었습니다. 네모 난 상자가 나왔습니다. 상자를 열어 본 새싹이는 푸우 웃음을 터뜨리고 말았습니다.

상자 안에는 돼지 저금통이 들어 있었습니다. 우람이 형처럼 둥글둥글한 저금통이었습니다.

"형, 이거 형이 고른 거야?"

"웅. 내가 골랐어. 너 거기다 저금 많이 하라고 말야. 내 저금통처럼 빵빵해지게."

"하필 왜 돼지 저금통이야? 다른 저금통도 많잖아."

"돼지 저금통이 제일 예뻐. 돈도 많이 들어가고."

우람이 형은 아무렇지도 않게 말하고 난 뒤 전화기 있는 곳으로 갔습니다.

"가람이 형도 오라고 전화해야 돼. 오늘이 네 생일이라고 말했단 말이야."

새싹이는 돼지 저금통을 들고 부엌에 계시는 엄마에게로 갔습니다. 부엌에서는 고소한 냄새가 풍겼습니다. 빈대떡이 기름에 지져지고 있는지 치지직거리는 소리도 들렸습니다.

"와, 맛있는 냄새 난다. 다 됐어요, 엄마?"

"거의 다 됐다. 조금만 기다려라."

엄마는 뒤돌아보며 웃으셨습니다. 빈대떡은 엄마가 새싹이에게 특별히 만들어 주는 생일 선물입니다. 송이버섯과 파 같은 여러 가지 싱싱한 야채를 채썰어 넣어 만드는 엄마의 빈대떡 솜씨는 어떤 맛도 따라 오지 못할 만큼 맛있습니다.

"개울이랑 들레 누나 오라고 했니? 참, 가람이 형도 불러야지."

"네, 오라고 했어요. 가람이 형한테는 지금 우람이 형이 전화하고 있어요."

새싹이네는 이모들이 모두 한동네에 모여 삽니다. 이모들 집에는 새싹이와 나이가 같은 개울이도 있고, 초등학교

6학년인 가람이 형과 들레 누나가 있습니다.

새싹이는 어렸을 적부터 개울이와 가람이 형, 들레 누나와 함께 놀며 자랐습니다. 하지만 6학년이 된 민들레 누나와 가람이 형은 이제 새싹이나 개울이와는 잘 놀아 주려 하지 않습니다. 2학년짜리 꼬마는 6학년짜리 상급생과 놀 수 없다는 거였습니다. 그래도 새싹이와 개울이는 가람이 형과 들레 누나를 따라다니고 싶어합니다.

'칫, 4학년인 우람이 형과는 잘 놀면서 우리만 따돌리려고 그래. 난 들레 누나랑도 같이 놀고 싶은데.'

새싹이는 식탁 위에 있는 빈대떡을 집어서 한입 베어 물었습니다. 부드러운 빈대떡이 입 안에서 저절로 녹는 것 같았습니다.

"히힛, 맛있다."

새싹이는 두루마리 화장지를 길게 풀어 기름이 묻은 손을 닦았습니다. 새싹이에게는 화장지를 많이 쓰는 버릇이 있습니다. 휴지가 조금 필요하건 많이 필요하건 둘둘둘 돌려 길게 풀어냅니다.

"한새싹!"

갑자기 엄마가 손바닥으로 식탁을 탁 쳤습니다.

엄마는 입을 꼭 다물고 새싹이를 쳐다보며 말했습니다.

"엄마가 휴지 조금씩만 풀어 쓰라고 했지? 이 휴지 한 통 만드는 데도 많은 재생 용지가 필요하다고 했잖아."

새싹이는 금세 히쭉 웃으며 엄마의 팔에 매달렸습니다.

"깜박 잊었어요, 엄마. 이제 정말 조금씩만 풀어 쓸게요, 네?"

엄마는 새싹이의 애교에 그만 피식 웃어버리셨습니다. 새싹이는 엄마나 아빠가 꾸지람을 하실 것 같으면 애교스런 웃음으로 재롱을 부립니다. 그러면 엄마와 아빠는 새싹이를 더 이상 꾸짖지 못하시고 그냥 용서해 주십니다.

새싹이네 집에는 커다란 상자가 있습니다. 그 상자 안에는 신문지, 다 쓴 공책, 학년이 지난 문제집 등 여러 종이가 모아져 있습니다.

엄마는 상자 안이 폐지로

가득 차면 아빠와 함께 그 상자를 들고 밖으로 가십니다. 집으로 다시 돌아오는 엄마의 손에는 두루마리 화장지가 여러 개 들려 있곤 했습니다.

"우람아, 새싹아, 다 쓴 종이는 꼭 이 상자 안에 넣어야 돼. 알았지?"

"왜요? 다 쓴 종이인데 그냥 버리면 되지."

"다 쓴 종이가 아니야. 얼마든지 다시 쓸 수 있는 종이지. 이 종이들로 화장지도 만들고, 재생용지도 만들 수 있단다. 엄마가 종이와 바꿔 오는 화장지들도 모두 재생 용지로 만든 거야."

엄마는 집 안에 있는 폐지를 차곡차곡 정리해 상자 안에 넣으며 말 하셨습니다. 하지만 그 때마다 새싹이는 대답만 하고 그 약속을 잊어버립니다. 그래서 종이나 다 쓴 공책을 쓰레기통에 넣어 버릴 때가 많았습니다.

"엄마, 그런데 왜 우리 화장지는 색깔이 누래요? 다른 집 화장지는 하얗고 깨끗해 보이던데."

새싹이는 먹고 있는 빈대떡을 마저 먹으며 엄마에게 물었습니다.

엄마는 식탁 위를 치우시며 말했습니다.

"그건 재생 용지로 만들기 때문이야. 보기엔 색이 누래도 슈퍼에서 파는 화장지보다 훨씬 좋단다. 보통 쓰고 있는 하얀 화장지나 흰색 종이는 모두 약품처리를 한 거야. 그 표백하는 과정에서 강이나 시냇물이 오염된단다."

새싹이는 고개를 끄덕였습니다. 강과 바다를 오염시키

는 것들이 너무 많은 것 같았습니다.

"띵동, 띵동!"

벨 소리가 들렸습니다.

"개울이다! 들레 누나도 같이 왔을 거야!"

새싹이는 의자에서 발딱 일어나 인터폰이 있는데로 달려갔습니다.

"새싹아, 문 열어! 나 왔어."

개울이의 커다란 목소리가 들렸습니다. 새싹이는 얼른 벨을 눌러 대문을 열어주고 현관까지 달려가서 개울이와 들레 누나를 기다렸습니다.

"새싹아, 생일 축하해!"

개울이와 들레 누나가 현관문을 열며 외쳤습니다. 가람이 형도 함께 있었습니다. 가람이 형은 새싹이를 번쩍 들어올리려 하더니 그대로 놓으며 말했습니다.

"에고, 이 녀석. 이젠 들지도 못하겠네. 왜 이렇게 무거워졌냐?"

"무거워진 거 아니야. 키가 큰 거라구."

새싹이가 툴툴거리자 가람이 형이 웃음을 터뜨렸습니다. 우람이 형이 현관으로 달려나왔습니다.

“빨리 들어 와, 다 만들었어.”

다섯 아이들은 모두 식탁으로 가서 둘러앉았습니다. 키가 작은 개울이는 식탁이 너무 높아서 의자 위에 방석을 두 개나 깔고 앉아야 합니다.

“배 고프지? 이모가 많이 만들었으니까 마음껏 먹어.”

"네!"

다섯 아이들은 각자 앞에 놓인 빈대떡을 제대로 씹지도 않고 허겁지겁 먹었습니다. 우람이 형은 급하게 먹느라 잘 씹지도 않는 것 같았습니다.

"우람아, 천천히 먹어 ,체하겠다."

엄마는 우람이 형을 보며 걱정스럽다는 듯 말했습니다. 그 때 개울이가 갑자기 얼굴을 찌푸리며 입 안에서 뭔가를 끄집어냈습니다. 파 조각이었습니다.

"개울아, 왜 파를 끄집어내고 그러니? 아직도 파를 안 먹는구나?"

엄마가 개울이를 걱정스럽다는 표정으로 쳐다보셨습니니

다.

"이모, 물 좀 주세요."

개울이가 얼굴을 잔뜩 찌푸렸습니다. 엄마는 개울이에게 물을 따라 주며 말했습니다.

"개울아, 우리 몸에 가장 좋은 영양을 공급해 주는 게 채소야. 개울이가 물을 필요로 하듯이 개울이의 몸도 채소를 필요로 한단다. 그 중에서도 파는 우리 몸에 꼭 필요한 거야. 파는 머리도 좋게 해 주거든."

개울이의 얼굴에 주저하는 빛이 어른거렸습니다. 엄마는 그런 개울이의 얼굴을 보며 빙긋 웃으셨습니다. 그리고는 얼른 말을 덧붙이셨습니다.

"음식 중에서 가장 맛있고 좋은 음식은 자연 그대로 자란 채소란다. 채소는 자연이 주는 선물이야. 그런 좋은 선물을 받지 않는다는 건 개울이에게 손해지, 안 그러니?"

엄마가 개울이의 손에 젓가락을 건네 주자 개울이가 슬그머니 그것을 받았습니다. 그리고는 빈대떡의 귀퉁이를 조금 떼어 입 안에 넣었습니다.

"어때, 맛있지?"

엄마가 묻자 개울이가 고개를 끄덕였습니다. 개울이를

보고 있던 엄마와 아이들의 입에 웃음이 퍼졌습니다.

"개울이 우유 줄까? 너희들도 다 먹지?"

엄마의 말에 모두들 고개를 끄덕였습니다. 엄마가 냉장고에서 작은 팩의 우유를 꺼내 아이들에게 하나씩 나누어 주셨습니다.

"엄마, 빈대떡 하나 더 주세요."

새싹이가 접시를 내밀자 형들이 모두 일제히 접시를 내밀었습니다.

"저희두요!"

엄마는 빙긋 웃으시며 큼지막한 빈대떡을 하나씩 더 얹어 주셨습니다. 개울이는 벌써 배가 부른지 우유를 마시며 자신의 배를 두드렸습니다.

"이모, 맛있게 먹었습니다."

개울이는 꾸벅 절을 하더니 빈 우유곽을 휴지통에 버렸습니다.

"어, 개울아, 우유곽 그냥 버리면 안 돼."

새싹이는 개울이의 팔을 잡았습니다.

"응, 왜? 다 마신 거야."

개울이는 눈을 말똥말똥 뜨고 새싹이를 쳐다보았습니

다. 새싹이는 개울이가 다 마신 우유곽을 가지고 씽크대로 갔습니다.

"자, 날 봐. 빈 우유곽은 이렇게 하는거야."

새싹이는 수돗물을 틀어 우유곽에 채웠습니다. 그리고는 물이 채워진 우유곽을 씽크대 옆에 세워 놓았습니다.

"물을 담아 두었다가 조금 지나고 나서 물을 버리고 말려야돼 . 그러고 난 다음에는 저 상자에 넣는 거야.”

새싹이는 폐지를 모아 두는 상자를 가리켰습니다. 개울이는 상자 옆으로 가서 그 안을 들여다 보았습니다.

“못 쓰는 종이가 잔뜩 있네? 이모, 이걸 왜 모아요?”

엄마는 빈 그릇을 설거지통에 담으시며 말했습니다.

“그건 재생 용지 때문에 그러는 거야. 다시 쓸 수 있는

종이를 만드는 데에 쓰기 위해서란다."

"우리 집엔 이런 거 없는데?"

개울이는 머리를 긁적였습니다.

"그럼 이모가 내일 개울이네 집 가서 만들어 줄게. 대신 개울이는 그 안에다 다 쓴 종이를 차고차곡 채워넣어야 된다. 알았지?"

개울이의 얼굴에 환한 웃음이 피었습니다. 개울이는 고개를 끄덕였습니다.

"아이구, 우리 벌 떼들이 다 모였구나!"

현관에서 아이들의 신발을 보신 듯 아빠가 반가운 목소리를 냈습니다.

"아빠!"

새싹이와 우람이 형이 현관으로 달려갔습니다. 아빠는 새싹이와 우람이 형을 양팔로 들어올렸습니다.

"안녕하세요, 털보 이모부."

개울이와 민들레 누나, 가람이 형도 꾸벅 인사를 했습니다. 아빠는 털이 북실북실 난 턱을 쓸으며 다섯 아이들을 훑어보셨습니다.

"그래. 어디, 이모가 뭐 맛있는 거 해 주셨니?"

"네! 빈대떡 먹었어요."

우람이 형이 기름 묻은 입을 손등으로 쓰윽 문지르며 말했습니다. 새싹이는 아빠가 생일 선물로 뭘 사 오셨을까 궁금해 하며 시선을 아래로 내렸습니다. 아빠의 손에는 커다란 비닐 봉지와 쇼핑백이 들려 있었습니다.

"아빠, 제 선물을 두 개나 사 오셨어요?"

새싹이는 입이 함박만하게 벌어져서 신이 난 목소리로 물었습니다. 아빠는 작은 쇼핑백을 들어올렸습니다.

"새싹이 선물은 이거야."

"그럼 저건 뭐예요?"

새싹이는 실망한 표정으로 커다란 비닐봉지를 가리켰습니다.

"이건 빈 병이야. 집에 오다 보니까 어느 집 앞에 빈 병들이 무더기로 버려져 있지 뭐냐. 그래서 가져 왔다."

아빠는 빈 병이 든 봉지를 구석에 내려놓으셨습니다.

"털보 이모부, 빈 병을 뭐하러 주워 오셨는데요? 아, 알았다. 역시 꼼꼼한 털보 이모부셔. 그거 요 앞의 가게에다 갖다 주시고 우리들 과자로 바꿔 오시려는 거죠?"

들레 누나가 손뼉을 치며 말했습니다. 그러자 가람이 형이 들레 누나의 말을 가로막고 나섰습니다.

"야야, 들레 넌 아직도 털보 이모부를 모르냐? 이모부는 원래 쓸만한 물건만 보면 집으로 들고 오시잖아. 새싹이네 다락엔 이러저런 물건이 가득 쌓여 있다구."

가람이 형의 말대로 아빠는 동네 어귀나 길거리에서 이

러저런 물건을 잘 주워 오십니다. 그 중에 망가진 장난감도 있고, 깡통이나 유리병도 있습니다. 아빠는 망가진 장난감은 고쳐서 새싹이나 우람이 형에게 주고, 깡통이나 유리병은 집에서 깨끗이 씻어 마을 입구에 있는 쓰레기 분리수거함에 갖다 버리십니다.

"이건 다락에 쌓아둘 물건은 아니다. 이따 나가서 동네 아래 있는 분리수거함에 버릴 거란다."

아빠는 가람이 형의 배를 가볍게 치는 시늉을 하시며 말했습니다.

"너희들, 유리가 어느 곳에 쓰이는지 아는 사람 있니?"

"거울이요! 그리고 병을 만드는 데도 쓰여요."

우람이 형이 얼른 나서며 말했습니다.

"유리창도 유리로 만들었어요. 전구알도 유리로 만들었고요."

"컵도 있어요. 그리고 장식품도 만들어요. 우리 집엔 유리로 만든 새가 있어요."

가람이 형과 민들레 누나도 한 마디씩 했습니다.

새싹이와 개울이는 형과 누나가 말한 것 외에는 떠오르는 것이 없었습니다.

"에이, 내 대답을 형들이 먼저 말해 버렸어."

개울이가 입을 삐죽거렸습니다. 아빠는 껄껄 웃으시며 개울이의 머리를 쓰다듬어 주셨습니다.

"다들 맞았다. 너희들이 지금 말한 것처럼 유리는 무척 많은 곳에 쓰이지. 유리는 모래를 원료로 만드는 거란다.

유리를 새로 만들기 위해선 강가나 바닷가의 모래를 계속 퍼 내야 하지. 하지만 그렇게 하지 않고도 유리를 만들어 낼 수 있는 방법이 있단다. 그게 바로 유리병이나 깨진 유리그릇으로 유리를 재생하는 방법이야"

아빠는 아이들을 죽 둘러보시며 말했습니다.

"모래쯤이야 얼마든지 구할 수 있는데, 왜 꼭 헌 유리병을 모아서 다시 만들어야 해요?"

가람이 형이 고개를 갸웃거렸습니다.

"땅 속에는 많은 보물들이 감추어져 있지. 금, 은, 석탄, 구리 같은 물질들이 땅 속에 감추어진 보물이란다. 모래도 마찬가지야. 하지만 이것들은 써도써도 계속 생겨나는 게 아니야. 양이 한정되어 있거든. 한정된 양을 다 쓰고 나면 지구상에서 그 물질은 아예 사라져 버리는 거야. 그걸 막기 위해서는 지구의 보물들을 아껴 쓰지 않으면 않된단다. 모래도 우리가 생각하기엔 끝없이 많을 것 같지만 양이 한정되어 있어. 언젠가는 지구에서 모래가 없어져 버릴 수도 있는 거지."

"모래가 다 사라져 버린다구요?"

새싹이와 개울이가 얼굴을 찡그리며 입을 모아 말했습

니다.

"그렇게 될 수도 있다는 거지. 그러니까 그러지 않기 위해서는 다 쓴 유리병을 모아 재생 유리를 만들어야 한단다. 유리병을 모아서 분리 수거함에 갖다 두면 유리 재생소에서 그 유리로 새 유리를 만들어 내지."

"아아!"

아빠의 말에 아이들은 고개를 끄덕였습니다.

"아, 참 내 선물!"

새싹이가 깜박 잊고 있었다는 듯 아빠가 주신 쇼핑백을 열었습니다. 아이들은 새싹이가 작은 상자를 여는 걸 바라보았습니다.

"어, 팽이네?"

상자 안에는 알록달록한 색깔의 팽이가 들어 있었습니다. 튼튼한 실로 꼬아진 팽이 끈도 함께 들어 있었습니다.

"완구점에 가 봤더니 별로 튼튼한 장난감이 없더구나. 장난감이 튼튼하지 않으면 쉽게 망가지니까 그만큼 쓰레기가 더 생겨날 테고, 그래서 튼튼한 장난감인 팽이를 샀단다."

새싹이는 고개를 끄덕였습니다.

"아빠, 장난감도 땅 속에 있는 보물로 만드는 건가요?"

"그래, 장난감들도 모두 지구에 있는 물질들로 만드는 거란다. 그러니까 장난감은 튼튼한 걸 골라야 되지. 튼튼하지 못한 장난감을 샀다가 금방 망가지면 버려야 되지 않겠니? 그러면 쓰레기도 생기게 되고, 또 새 걸 만들어 내려면 땅 속의 보물도 그만큼 낭비하게 되는 거지."

새싹이는 손바닥 위에 놓여진 팽이를 두 손으로 꼬옥 쥐어 보았습니다.

"새싹이는 좋겠다. 지구의 보물을 아낄 수 있는 튼튼한 장난감을 가지게 되어서."

민들레 누나가 방긋 웃으며 말했습니다. 들레 누나의 말에 새싹이는 더 기분이 좋아졌습니다.

깡통 줍기 사건

"새싹아, 우리 오늘 미술 시간에 짝궁 얼굴 그리기 했다. 그래서 헤헤, 보라 얼굴 그렸어."

수업이 끝나고 나란히 집으로 돌아오는 길에 개울이가 새싹이에게 부끄러운 듯 얼굴이 벌개져서 말했습니다.

"와, 그럼 미술 시간 내내 보라 얼굴 보고 있었겠네?"

"응."

개울이는 손가락을 꼼지락거리며 말했습니다. 개울이는 짝궁 보라 얘기를 할 때마다 웬지 얼굴이 붉어졌습니다.

"어디, 그림 보자."

새싹이가 개울이의 손에 쥔 스케치북을 뺏어 들었습

니다.

"어, 안돼."

개울이는 새싹이의 손에서 다시 스케치북을 빼앗으려 했습니다. 하지만 새싹이는 벌써 개울이의 스케치북을 들고 저만치 달아나고 있었습니다.

"내가 예쁘게 그렸나 밉게 그렸나 봐 줄게."

새싹이는 멀찌감치 떨어져서 개울이의 스케치북을 넘겼습니다. 꽃 그림이 나오고 삐뚤삐뚤하게 그린 집 그림이 나오더니 여자애의 얼굴 그림이 나왔습니다. 그 얼굴은 예쁘게 색칠해져 있었습니다. 개울이는 보라의 얼굴을 꽤 열심히 그린 모양입니다. 보라의 얼굴 주위에는 꽃그림까지 그려져 있었습니다.

"와아, 예쁘다. 보라 얼굴보다 훨씬 예쁘게 그렸네?"

새싹이는 감탄을 했습니다. 그러자 스케치북의 모서리를 붙잡고 잡아당기던 개울이의 손힘이 늦추어졌습니다.

"헤헤, 예뻐? 하지만 보라 얼굴은 내 그림보다 더 예뻐."

"아니야, 이 그림이 더 예뻐."

"아니야, 보라 얼굴이 더 예뻐."

개울이는 목소리에 힘을 주어 우겼습니다. 새싹이는 개울이의 얼굴을 뚫어져라 쳐다보았습니다.

"너, 보라 좋아하는구나, 그치?"

개울이의 얼굴이 다시 빨개졌습니다.

"아, 아니야. 그냥 짝궁이니까 그렇지 뭐."

"괜찮아. 아무한테도 얘기 안 할게. 나한테만 말해."

새싹이가 자꾸만 물어대자 개울이는 고개를 숙이고 머뭇거리며 말했습니다.

"정말이지?"

"그래. 절대로 말 안 할게."

새싹이가 개울이에게 얼굴을 바싹 들이대었습니다. 개울이는 그제서야 고개를 끄덕였습니다. 그건 보라를 좋아한다는 뜻이었습니다. 새싹이의 얼굴에 큼지막한 웃음이 피었습니다.

"와하하하, 정말이었구나? 보라는 좋겠다."

개울이가 급히 손을 들어 새싹이의 입을 틀어막았습니다. 그리고는 주위를 휘휘 둘러보았습니다.

"조용히 해. 우리 반 애들이 지나가다 들으면 어떡해."

개울이의 목소리는 모기 소리처럼 작았습니다.

"알면 좀 어때? 보라도 네가 자기 좋아하는 줄 알게 되면 기뻐할 걸. 내가 소문내 줄까?"

"뭐? 야, 한새싹!"

개울이는 씩씩거리며 소리를 질렀습니다.

"알았어, 알았어. 그냥 해 본 소리야. 농담이라구."

개울이는 아직도 화가 안 풀린 모양이었습니다.

새싹이는 괜히 미안한 마음이 들어 개울이의 손을 잡았습니다.

"개울아, 오늘 우리 집 가서 놀지 않을래?"

"알았어."

개울이는 퉁명스런 목소리로 대답했습니다. 개울이는 학교 수업이 끝나면 새싹이네 집에 가서 숙제도 하고 놀기도 했었습니다.

새싹이와 개울이는 손을 잡고 새싹이네 집으로 향했습니다. 개울이는 어느 새 화가 풀렸는지 신발주머니를 앞뒤로 흔들며 걷고 있었습니다.

문방구 앞을 지날 때였습니다. 새싹이는 문방구 유리벽 안에 전시되어있는 장난감 총이 눈에 띄었습니다.

"와, 저 총 봐. 멋있다."

새싹이는 개울이의 손을 놓고 문방구 앞으로 다가갔습니다. 개울이도 문방구 앞에 섰습니다.

유리벽 안에는 길고 멋있게 생긴 장난감 총이 있었습니다. 지금까지 보지 못했던 새로운 총이었습니다. 새싹이는 아예 유리벽 앞에 주저앉아서 총을 구경했습니다. 보면 볼

수록 새싹이는 그 총을 갖고 싶었습니다.

"저 총 가졌으면 좋겠다, 그치?"

새싹이는 그 총이 갖고 싶다는 눈빛으로 개울이를 올려다보았습니다. 그러나 개울이는 고개를 저었습니다.

"난 총보다 우리 누나가 가지고 노는 인형이 더 좋아."

"치, 총이 훨씬 더 좋지."

"난 안 그래. 그만 보고 빨리 가자."

개울이는 새싹이의 팔을 잡아끌었습니다. 새싹이는 아쉬운지 뒤를 흘끔거리며 걸었습니다. 새싹이는 집에 있는 물총이 이제는 보잘것없이 느껴졌습니다. 진짜 총처럼 생긴 저 장난감 총을 꼭 갖고 싶었습니다.

새싹이는 집에 와서도 자꾸만 장난감 총이 눈앞에 아른거렸습니다.

"엄마, 나 꼭 갖고 싶은 게 있어요."

새싹이는 점심식사를 준비하고 계시는 엄마에게 가서

말했습니다.

“응, 뭔데?”

“장난감 총요.”

“총?”

“네. 학교에서 오다가 굉장히 멋있는 총을 봤어요. 아주 튼튼하게 생긴 장난감이에요.”

새싹이는 문방구 앞에서 보았던 총 모양을 엄마에게 열심히 설명했습니다. 하지만 엄마는 고개를 가로저었습니다.

“안 돼. 집에도 총 있잖아. 아빠가 팽이도 사 주셨고, 지금 있는 장난감 다 쓰고 나면 사줄게.”

새싹이는 몸에서 기운이 쏘옥 빠지는 것 같았습니다. 그렇지만 그냥 포기할 수는 없었습니다.

“엄마, 나 꼭 그 총 갖고 싶어요, 네? 집에 있는 물총은 이제 하나도 재미없어요. 그건 이제 더 이상 필요 없는 물건이구요.”

“새싹아, 더 이상 필요 없는 물건이란 없어. 더 이상 필요 없다고 해서 버린다면 그건 쓰레기가 되는건데, 그 물총이 쓰레기니? 새싹이가 쓸모없게 되버렸다고 생각하는

물건들도 언젠가는 다 쓸모가 있게 된단다."

"하지만 그건 너무 낡았어요. 오랫동안 썼던 거잖아요."

그때 방에서 동화책을 읽고 있던 개울이가 밖으로 나오며 외쳤습니다.

"새싹아, 그 물총 버릴 거야? 그럼 나 줘."

개울이는 눈을 빛내며 새싹이를 쳐다보았습니다.

"그거 오래된 거야. 그래도 좋아?"

"그래도 좋아. 난 물총 없잖아. 내가 가질래."

"그래, 가져."

새싹이는 퉁명스럽게 말했습니다. 막상 물총을 줄 생각을 하자 조금은 아까운 생각도 들었습니다. 하지만 개울이에게 주는 건 괜찮을 것 같았습니다. 새싹이는 장난감 상자에서 물총을 가져다 개울이에게 주었습니다.

엄마가 새싹이의 마음을 알았는지 등을 토닥거려 주셨습니다.

"잘했어, 새싹아. 네가 필요 없게 되었다고 생각한 물건은 모아 두었다가 그 물건이 필요한 사람에게 주는 게 좋은 거야. 아빠 말씀대로 장난감들도 모두 지구에서 나오는 귀중한 물질로 만들어진 거잖니? 네가 필요 없다고 생각하는 물건들도 지구의 보물로 만든 소중한 물건이야. 그런 물건들은 버리지 말고 친구나 다른 사람에게 나눠 줘. 알았지?"

새싹이는 고개를 끄덕였습니다.

"개울이도 새싹이에게 소중한 물건을 받은 거다, 그렇지?"

개울이도 방긋 웃으며 고개를 끄덕였습니다.

"문방구에서 보았다던 총은 아빠 오시면 엄마가 얘기해 보고 결정할게."

"이야, 정말이세요?"

새싹이의 얼굴에 금세 웃음이 퍼졌습니다. 사 주시겠다는 말씀은 안 하셨지만 그래도 총을 가질 수 있는 희망은 생겼습니다.

개울이가 돌아가고 나자 새싹이는 아빠가 회사에서 돌아오시기만을 기다렸습니다. 오늘따라 시간이 느리게 흐르는 것 같았습니다. 벨 소리가 들려서 나가보았더니 우람이 형이었습니다. 우람이 형은 손에 핫도그를 들고 우물거리며 대문에 서 있었습니다.

"새싹아, 빨리 문 열어!"

"알았어, 난 형이 아빠인 줄 알았단 말야."

새싹이는 대문을 열어 주고 다시 아빠를 기다렸습니다. 해가 뉘엿뉘엿 저물 때쯤이 되자 아빠가 돌아오셨습니다.

"엄마, 아빠 오셨어요!"

새싹이는 우당탕 마루를 달려가 반갑게 아빠를 맞았습니다.

"아빠, 다녀오셨어요!"

아빠는 고개를 허리까지 숙이고 인사를 하는 새싹이를 의심스럽다는 눈으로 장난스럽게 쳐다보셨습니다.

"이 녀석, 유별나게 인사를 열심히 하는걸 보니 아빠에게 뭔가 바라는 게 있나 보구나."

"헤헤, 엄마한테 여쭤 보세요."

엄마와 아빠가 안방으로 들어가시고 나자 새싹이는 두

근거리는 마음으로 자신의 방으로 들어갔습니다. 잠시 후 아빠가 새싹이를 부르셨습니다. 새싹이는 안방으로 가서 엄마와 아빠의 표정을 살폈습니다. 두 분 나 웃고 계셨습니다.

"사도 된다."

아빠의 말에 새싹이는 와아! 하고 함성을 질렀습니다. 그러나 아빠의 말은 아직 끝난 것이 아니었습니다.

"아직 기뻐하기엔 이르다. 아빤 사도 된다고 했지 사 준다는 말은 안 했거든."

"네?"

새싹이는 두 손을 번쩍 쳐든 채로 아빠를 보았습니다. 엄마와 아빠는 서로 마주보며 웃으셨습니다.

"이건 아빠가 생각해 낸 건데 말이지, 그 장난감 총을 네가 모은 돈으로 사는 거야."

"아빠, 저한텐 지금 삼백 원밖에 없는 걸요."

새싹이는 울상을 지었습니다. 그러나 아빠는 계속 웃고 계셨습니다.

"아빠가 오늘 신문에서 읽었는데 '알루미늄 제조회사'라는 데서 알루미늄 깡통을 산다고 하더구나. 그곳에 전화

를 하면 거기에서 깡통을 수거해 간다고 하던데. 어때, 그렇게 해서 모은 돈으로 장난감 총을 사지 않겠니?"

새싹이는 이렇게 해야 할지 선뜻 대답할 수가 없었습니다. 총은 사고 싶은데, 그렇게 하려면 알루미늄 깡통을 모아야 되고, 알루미늄 깡통을 모으려면 애들이 놀고 있을 시간에 깡통을 주우러 돌아다녀야만 합니다. 새싹이는 어떻게 해야 할지 결정을 내리지 못하고 서 있었습니다.

"잘 생각해 보렴."

아빠는 한동안 새싹이를 바라보시더니 말씀하셨습니다.

"알루미늄은 땅 속에 있는 광석을 캐내 그걸 녹여서 순수한 알루미늄으로 만드는 거란다. 그렇게 만들어 내는 과정에서 많은 에너지가 필요하게 되고 또 오염물질도 많이 나오게 되지. 우리가 마시는 콜라나 사이다를 담는 깡통들은 모두 이 알루미늄으로 만드는 거란다. 그런데 그 많은 알루미늄을 모두 새로 만들어 내려니 엄청난 에너지가 소비되게 되지. 우리 새싹이가 일 년 동안에 버리는 빈 깡통만도 엄청날걸."

"그래서 알루미늄 깡통도 유리처럼 다시 만들어 사용하는 거예요?"

아빠는 고개를 끄덕이셨습니다.

"사람들이 일 년 동안에 사용하는 알루미늄 깡통은 무려 65억 개나 된단다. 쌓아 놓으면 엄청난 크기의 산이 될 정도지. 이렇게 많은 알루미늄을 만들기 위해선 에너지가 필요하단다. 그래서 다 쓴 알루미늄 깡통으로 다시 새 것을 만들어 내기 위해서 깡통을 줍는 거야. 그렇게 해서 알루미늄 깡통을 만들게 되면 광석을 녹여서 만드는 것보다 에너지가 30분의 1밖에 들지 않는단다. 에너지도 줄이고,

오염도 없애고. 좋은 방법 아니니?"

"아무래도 알루미늄 깡통을 모아야 할 것 같아요. 그렇죠, 아빠?"

새싹이가 눈을 찡긋해 보이며 아빠를 바라보자 아빠는 짐짓 다른 시늉을 하셨습니다.

"어어, 난 새싹이한테 억지로 깡통 모으란 말 안했다. 그건 새싹이가 생각해서 결정하는 거지."

새싹이는 장난스럽게 고민하는 표정을 짓다가 결론을 내렸습니다.

"좋아요, 아빠. 하겠어요."

아빠의 얼굴에 밝은 웃음이 떠올랐습니다.

"장하구나, 우리 새싹이. 아빠가 한 가지 사실을 더 가르쳐 줄까?" "뭔데요?"

"새싹이 텔레비전 보는거 좋아하지?"

새싹이는 웃는 얼굴로 고개를 끄덕였습니다.

"알루미늄 깡통 하나를 재생함으로서 절약되는 에너지로는 텔레비전을 세 시간 동안이나 켤 수 있단다."

"우와! 세 시간 동안이나요? 깡통 하나로요? 그럼 열 개를 재생하면 서른 시간이나 텔레비전을 볼 수 있겠네요."

새싹이는 길거리나 학교에서 이리저리 굴러다니던 알루미늄 깡통이 그렇게 많은 에너지를 들여서 만들어 낸다는 걸 알고 깜짝 놀랐습니다. 아빠가 늘 말씀하시는 물자 절약이 무엇 때문이었는지 조금은 알 것 같았습니다.

"아빠, 저 내일부터 당장 알루미늄 깡통 모을게요."

새싹이가 안방문을 나서려 하자 아빠가 새싹이를 다시 불렀습니다.

“어떻게 모아야 되는지도 모르면서 무작정 나서려고?”

“그냥 모으면 되는 거 아니에요?”

새싹이는 고개를 갸우뚱거렸습니다.

“알루미늄 깡통을 모으려면 우선 깡통을 주워서 그 속에 있는 찌꺼기를 없애야 돼. 그러고 난 다음 마개를 깡통

안에 넣고 발로 밟아서 찌그러뜨리는 거야. 그래야 부피가 적어지니까 말이다. 그런데 새싹아, 어떤 깡통이 알루미늄 깡통인지는 알고 있니?"

새싹이는 눈을 깜박였습니다.

"깡통이면 다 알루미늄 깡통 아니에요?"

"아니야. 알루미늄으로 만들지 않은 깡통도 많지. 깡통의 옆을 봤을 때 서로 꼬리를 물고 있는 화살표 표시가 있는 게 알루미늄 깡통이란다. 알루미늄 깡통하고 다른 깡통은 서로 구별을 해서 모아 둬야 해."

새싹이는 이제 알루미늄 깡통을 모으는 일에 자신이 생겼습니다.

다음 날 일요일 아침이 되자 새싹이는 개울이네 집으로 달려갔습니다. 개울이는 아직도 꿈나라를 헤매고 있었습니다.

"개울아, 빨리 일어나. 나랑 같이 알루미늄 깡통 주우러 가자."

아직도 졸린 눈을 비비고 있던 개울이는 무슨 소리냐는 듯 새싹이를 쳐다보았습니다.

"나 알루미늄 깡통 모아서 그 장난감 총 살 거야. 너도 나랑 같이 줍자, 응? 나 혼자 주우면 이상하잖아."

"싫어! 애들이 놀릴 거야."

개울이는 한 마디로 거절했습니다. 새싹이가 아빠에게 들었던 말을 아무리 설명해 주어도 소용이 없었습니다. 새싹이는 마음을 굳게 먹고 최후의 방법을 쓰기로 했습니다.

"너, 나랑 같이 알루미늄 깡통 주우러 안 가면 네가 보라 좋아한다고 애들한테 소문낼 거야."

그러나 다시 자려고 반쯤 감겨 있던 개울이의 눈이 번쩍 뜨였습니다.

"그러니까 나랑 같이 알루미늄 깡통 줍자. 애들이 놀리면 내가 혼내 줄게. 알았지. 응?"

소문을 낸다는 말에 개울이는 결국 허락하고 말았습니다. 새싹이와 개울이는 커다란 비닐봉지를 하나씩 들고 대문을 나섰습니다. 개울이는 창피하다면서 자꾸만 사람들이 없는 골목으로만 다니려 했습니다. 하지만 사람들이 잘 다니지 않는 골목길에는 깡통이 별로 없었습니다.

"놀이터로 가서 줍자. 거기엔 깡통이 많아."

새싹이는 싫다고 우기는 개울이를 겨우겨우 끌고 놀이터로 갔습니다. 정말로 놀이터에는 알루미늄 깡통이 이곳

저곳에 버려져 있었습니다. 개울이는 비닐봉지를 들고 쭈뼛거리며 서 있다가 한참 후에야 느릿느릿 깡통을 줍기 시작했습니다.

그때 개울이네 반 아이들이 놀이터로 몰려왔습니다. 그 중에는 보라도 끼여 있었습니다. 개울이는 보라를 보자 알루미늄 깡통이 든 비닐봉지를 얼른 등 뒤로 숨겼습니다.

아이들이 개울이와 새싹이에게로 다가왔습니다.

"너희들, 뭐 해? 이게 뭐야, 깡통이잖아?"

덩치 큰 아이 하나가 새싹이의 비닐봉지를 펼쳐보며 코웃음을 쳤습니다. 진혁이였습니다. 새싹이는 비닐봉지를 홱 빼앗았습니다.

"그래, 알루미늄 깡통을 모으는 거야."

그러자 진혁이는 우하하 하고 웃음을 터뜨렸습니다. 개울이는 얼굴이 붉게 물들어서 비닐봉지를 내려놓아 버렸습니다. 다른 아이들도 진혁이를 따라 낄낄 웃었습니다.

"웃지 마! 우리 아빠가 알루미늄 깡통 하나를 재생해서 사용하면 텔레비전을 세 시간 동안이나 볼 수 있는 에너지가 절약된다고 하셨단 말이야!"

새싹이는 큰 소리로 외쳤습니다. 그래도 아이들은 웃음을 그치지 않았습니다. 개울이는 금세라도 울음을 터뜨릴 것 같이 울상을 짓고 있었습니다.

그때 보라가 앞으로 나섰습니다.

"진혁아, 너 왜 그래? 나도 우리 아빠한테 들은 적 있어. 알루미늄은 계속 다시 만들어서 쓸 수 있다고 하셨어."

"어떻게 계속 다시 사용하냐? 그런 물건이 어디 있어?"

진혁이는 보라의 말을 믿지 않았습니다. 보라는 다시 진혁이에게 말했습니다.

"선생님도 그러셨어. 유리병이나 깡통은 다시 만들어서 쓸 수 있다고 말이야. 종이도 그렇대. 그래서 우리가 폐품을 내는 거라고 하셨잖아."

진혁이는 이제 더 이상 우길 수가 없었습니다. 지난 주 폐품 내는 날에 선생님께서 하셨던 말씀이 떠올랐기 때문입니다. 보라가 편을 들어 주자 개울이의 얼굴은 조금씩 밝아졌습니다. 진혁이는 씩씩거리며 입을 삐쭉이더니 집으로 가 버렸습니다.

"고, 고마워, 보라야."

개울이가 보라에게 조그만 목소리로 말했습니다. 보라는 개울이를 보며 방긋 웃었습니다.

"아니야, 난 사실만 얘기했을 뿐이야. 오늘은 나도 도와줄게."

그러자 개울이의 얼굴이 붉게 물들었습니다.

"정말이야?"

보라는 고개를 끄덕였습니다. 그리고는 소매를 걷어 올리고 알루미늄 깡통을 주우러 저만치로 갔습니다.

"히힛, 거 봐. 나랑 같이 깡통 줍길 잘 했지?"

새싹이는 손가락으로 개울이의 옆구리를 쿡 찔렀습니다. 개울이는 보라를 쳐다보고 있다가 헤헤 웃었습니다.

"우리 이제 그만 줍고 내일 또 하자."

새싹이가 어깨에 메고 있던 비닐봉지를 내려놓으며 말

했습니다. 개울이는 보라와 더 있고 싶어서 아쉽긴 했지만 그렇게 하기로 했습니다.

"보라야, 힘들었지. 너 손에 흙 묻었어."

"너도 묻었는데 뭘, 토인 손 같다, 그치?"

보라와 개울이는 서로의 손을 쳐다보며 웃음을 터뜨렸습니다. 새싹이는 웃고 있는 개울이를 보며 덩달아 웃었습니다.

지구의 몸을 아껴요

"이모, 저 오늘 여기서 자고 갈래요."

날짜 지난 신문을 차곡차곡 개고 계시는 이모에게 개울이가 졸랐습니다. 뉘엿뉘엿 해가 저물려 하자 개울이는 괜시리 집에 가기가 싫어졌습니다. 새싹이와 더 놀다가 같이 자고 싶었습니다.

"그래도 집에 가야지. 개울이 안 오면 엄마가 걱정하셔. 새싹이랑은 내일 또 놀고 오늘은 그만 집에 가거라."

이모는 개울이의 등을 토닥거리며 달래셨습니다.

"이모가 전화해 주시면 걱정 안 하시잖아요. 저희 엄마한테 오늘 딱 하루만 자고 간다고 해 주세요. 네?"

개울이의 말에 새싹이도 옆으로 다가 앉으며 맞장구를 쳤습니다.

"그래요, 엄마. 저도 개울이랑 같이 자고 싶어요. 늦게까지 놀지 않고 시간 되면 금방 잘게요."

"그래요."

개울이와 새싹이가 계속 매달려 조르자 이모는 결국 개울이네 집에 전화를 걸어 주셨습니다. 새싹이와 같이 있을 수 있다는 생각에 개울이의 마음은 한껏 부풀었습니다.

개울이와 새싹이는 신이 나서 작은방으로 돌아왔습니다. 한참을 놀다 보니 벌써 시간이 꽤 흘러 있었습니다. 혼자 있을 때보다 시간이 더 빠르게 흐르는 것 같았습니다. 개울이는 벌써 졸린지 하품을 하고 있었습니다.

"아함, 새싹아, 우리 이제 자자."

"그래. 잠깐 나 화장실 갔다 올게."

새싹이가 화장실에 가고 나자 개울이는 이불을 깔았습니다. 그리고는 그 위에 풀썩 드러누웠습니다. 기분 좋은 잠이 솔솔 몰려들었습니다. 화장실로 문 열리는 소리가 몽롱하게 들렸습니다.

"불 끄고 자야지."

새싹이가 방문을 열고 들어서며 말했습니다. 개울이는 그 말에 몰려오던 잠이 확 달아나는 것 같았습니다.

"안 돼! 난 불 끄곤 못 잔단 말이야."

개울이는 새싹이가 스위치를 내릴까 봐 벌떡 일어나 앉았습니다.

"왜?"

새싹이가 이상하다는 듯이 물었습니다. 그러자 개울이는 주저하면서 말했습니다.

"무서우니까 그렇지."

"무서워? 괜찮아, 나랑 같이 자잖아."

"그래도 싫어. 불 켜고 잘 거야."

개울이는 울상을 지었습니다.

"불 켜고 자면 전기가 얼마나 많이 낭비되는데. 우리나라는 석유가 한 방울도 안 난다잖아."

"다른 데서 아껴 쓰면 되지, 뭐."

새싹이는 울상을 짓는 개울이를 보면서 스위치를 내릴 수가 없었습니다. 그래서 하는 수 없이 새싹이도 불을 켜 둔 채로 이불 속으로 들어갔습니다. 한참을 키득이며 장난을 하던 새싹이와 개울이는 둘 다 스르르 잠에 빠져 들었습니다.

개울이는 잠결에 아랫배가 욱신거렸습니다. 그러나 잠 속에서 빠져 나오기 싫어 몸을 뭉그적거리고만 있었습니다. 배는 점점 더 아파왔습니다. 개울이는 졸린 눈을 뜨고 새싹이를 흔들었습니다.

"새싹아, 나 화장실 가고 싶어. 새싹아."

그러나 아무리 흔들어도 새싹이는 일어나지 않았습니다. 잠꼬대 같은 소리만 중얼거릴 뿐이었습니다. 개울이의 배는 점점 더 아파왔습니다.

"잉, 혼자 가야 되겠네."

개울이는 일어나서 방문을 활짝 열고 거실로 나갔습니다. 깜깜했습니다. 방문마저 닫으면 아무것도 보이지 않을 것 같았습니다. 개울이는 무서운 마음에 몸을 웅크리고 손으로 벽을 더듬어 거실의 불을 켰습니다. 환해지자 조금 마음이 놓였습니다.

개울이는 화장실로 가서 문손잡이를 돌렸습니다. 그런데 문이 잠겨져 있었습니다.

"흠흠."

안에서 기침 소리가 들렸습니다. 개울이는 흠칫 놀라 뒤로 물러섰습니다. 잠시 후 안에는 털보 이모부가 나오셨습니다.

"개울이였구나? 여태까지 안 잤니?"

"아니요. 자다 일어났어요."

개울이는 이모부를 보자 안심이 되었습니다.

"아이구, 요 녀석 봐라. 방 불에다 거실 불에다, 불이란 불은 다 켜 놓았구나."

이모부는 거실과 작은방 문을 둘러보시며 말하셨습니다.

"무서워서 그랬어요. 전 밤에 혼자 화장실 가는게 제일 무서운 걸요."

개울이는 머리를 긁적였습니다.

"이모부, 저 화장실 들어가 있을 테니까 들어가지 마시고 밖에 서 계셔 주세요. 네?"

개울이는 이모부가 미처 대답도 하시기 전에 화장실 안으로 들어가 버렸습니다.

"개울이, 잘 때도 불 켜고 자니?"

옷을 추키지도 않고 급하게 나오는 개울이를 보며 이모부가 물으셨습니다. 개울이는 그제야 옷을 추스르며 고개를 끄덕였습니다.

"개울아, 이모부가 중요한 사실을 하나 알려 줄까?"

"네."

개울이가 방긋 웃으며 이모부를 쳐다보았습니다.

이모부는 개울이를 번쩍 안고 거실에 있는 의자에 가서 앉았습니다.

"개울이는 전기가 어디에서 나온다고 생각하지?"

"발전소요."

개울이는 자신있게 말했습니다.

"그래, 발전소에서 전기를 보내 주지. 그럼 발전소는 전기를 어디에서 만들어 낼까?

"글쎄요, 그건 잘 모르겠는데요."

개울이는 고개를 갸우뚱거렸습니다.

"발전소에서는 전기를 지구의 몸으로 만들어 낸단다."

"지구의 몸으로요?"

개울이의 눈이 동그래졌습니다. 이모부는 고개를 숙여 개울이를 쳐다보며 말씀하셨습니다.

"그래, 지구의 몸으로 전기를 만들어 내지. 전기를 일으키는 건 에너지야. 에너지가 바로 우리가 쓰는 전기를 일으키게 해 주는 거란다. 하지만 이 에너지는 그냥 얻어지는 게 아니야. 지구의 일부분인 석유나 석탄, 우라늄 등 많은 자원을 이용함으로써 얻어지는 거지."

"그럼 우리가 매일 지구의 몸을 사용하는 거예요?"

개울이의 목소리가 줄어들어 있었습니다. 그러자 이모부가 개울이의 어깨를 토닥여 주셨습니다.

"그렇지. 우리가 쓰는 전기는 수도 없이 많단다. 텔레비전, 전화기, 냉장고, 전구, 다리미 등 집에서만 쓰는 전기도 엄청나지. 하지만 전기를 많이 쓰면 쓸수록 지구의 몸

은 더 약해지게 된단다. 지구는 벌써 여러 가지 공해와 오염으로 병들어 있어. 우리가 지구를 건강하게 되살리는 방법은 다른 게 아니란다. 꼭 필요할 때만 불을 켜서 전기를 아끼는 것도 지구를 보살피는 하나의 방법이야."

개울이는 무섭다는 이유로 지금까지 늘 불을 켜 놓고 잠들었던 자신이 부끄러워졌습니다. 전기가 지구의 몸에서 나온다는 것을 생각해 보지 못했던 것입니다.

"이모부가 더 놀라운 사실을 말해 줄까? 불이 켜져 있는 전구 하나가 사용하는 에너지 중에서 실제로 빛으로 변하는 에너지는 얼마나 될 것 같니?"

이모부의 말에 개울이는 고래를 들고 곰곰이 생각해 보았습니다.

"글쎄요? 음, 5분의 1정도?"

"아니, 겨우 10분의 1이란다. 나머지 10분의 9는 열로 다 날아가 버리지. 불을 켜 두고 있으면 전구가 뜨거워지지? 그게 다 그 때문이란다."

이모부의 말을 듣고 있던 개울이는 침울한 목소리로 말했습니다.

"이모부, 너무 창피해요. 전 정말 전구를 켜 놓는게 그

렇게 많은 에너지를 소비하는지 몰랐어요."

고개를 푹 숙이고 있는 개울이를 보며 이모부는 빙긋 웃으셨습니다.

"이제부턴 그러지 않으면 되는 거야. 자, 전기를 아끼기 위해서 개울이가 할 수 있는 일이 뭐가 있는지 볼까?

자, 뭐가 있겠니?"

"음, 전기가 필요하지 않을 때에는 불을 끄는 거예요. 방에 아무도 없을 때나 잘 때는 꼭 불을 끄고 자야 돼요."

"그럼 개울이 이제부턴 밤에 불 끄고 자겠네?"

이모부가 웃으시며 개울이를 보자 개울이는 멋쩍은 듯 헤헤 웃음을 흘렸습니다.

"이제 무서워도 끄고 잘 거예요."

"그래, 캄캄한 것보다 더 무서운 건 지구가 심한 병이 들어가는 거란다. 우리가 전기를 절약하고 에너지를 아끼면 지구는 다시 예전처럼 건강해질 수 있을 거야."

개울이는 고개를 들고 이모부를 쳐다보며 머리를 끄덕였습니다. 개울이의 마음속에서는 무섭다는 것 때문에 지구의 몸을 함부로 쓸 수는 없다는 생각이 솟아올랐습니다.

"에너지를 아끼기 위해서 할 수 있는 방법이 또 뭐가 있죠?"

개울이는 활기찬 목소리로 물었습니다.

"여러 가지가 있지. 음, 냉장고 문을 조금만 여는 것도 에너지를 절약하는 방법이고, 뜨거운 물을 함부로 낭비하지 않는 것도 에너지를 절약하는 방법이란다. 찬물을 따뜻하게 데우기 위해서도 많은 에너지가 필요한 거니까."

"이제 전기를 쓸 때마다 지구를 생각할 거예요. 지구의 몸은 아주 소중하니까 아껴야 하잖아요."

개울이가 이모부와 함께 의자에서 일어났습니다. 개울이가 작은방으로 들어가자 이모부가 방문을 닫아 주셨습니다. 개울이는 용기를 내어 스위치를 딸깍 내리고 얼른 이불속으로 파고 들어갔습니다.

"헤헤, 따뜻하다."

쭈욱 뻗은 개울이의 발이 새싹이의 발과 맞닿았습니다. 개울이는 골골 잠이 들어 있는 새싹이에게 몸을 바짝 붙였습니다.

개울이는 지구가 낯설지 않은 친한 친구인 것처럼 여겨졌습니다. 그러자 병들어 있다는 지구를 도와주고 싶다는 마음이 조금씩 싹을 내밀기 시작했습니다. 그 마음은 이제 점점 자라나 커다란 나무를 이룰 것입니다. 그리고 지구를 사랑하는 마음의 나무가 무럭무럭 커가면서 지구도 건강한 모습을 되찾을 수 있을 것입니다.

쓰레기 낚시

"우람아, 너 벌써 세 공기째라는 거 알고 있니?"

엄마는 밥을 한 공기 가득 담고 있는 우람이를 보며 걱정스러운 목소리로 말했습니다.

"괜찮아요, 엄마. 점심을 조금밖에 못 먹으니까 저녁은 많이 먹어야 돼요."

우람이는 입 안 가득 밥을 넣고 우물거리며 말했습니다. 옆에서 밥을 먹고 있던 새싹이도 얼굴을 찌푸리며 형을 쳐다보았습니다.

"칫, 도시락에다 가득 싸 가는 게 그게 적어?"

"한 그릇 밖에 안 되는데 뭘."

우람이는 여전히 밥을 우물거린 채로 대답했습니다. 그러자 엄마가 우람이의 옆으로 와서 배에 손을 대 보았습니다.

"어머어머, 우람이 너 배가 더 나온 것 같다."

우람이의 배를 쳐다보는 엄마의 얼굴은 놀란 표정이었습니다. 그러자 우람이도 자기의 배를 내려다보았습니다.

“정말 더 나왔나?”

“안 되겠다. 너 이제 체중 조절 좀 해야지, 안 그랬다간 큰일 나겠다.”

엄마는 우람이의 밥그릇을 한쪽으로 치워 놓으셨습니다.

“어어? 그것만 먹고 안 먹을게요.”

우람이가 울상을 지었지만 엄마는 고개를 저으셨습니다. 그리고는 폭탄선언을 하셨습니다.

“우람이, 이제부터 밥 한 공기 외에는 더 못 먹어. 그리고 저녁마다 줄넘기운동 해야 돼, 알았지?”

그 말은 정말 우람이에게 폭탄선언과도 같은 말이었습니다. 저녁밥을 먹고 방안에서 뒹굴면서 텔레비전을 보는 시간이 우람이에게는 가장 행복한 시간이었습니다. 배부르게 먹고 자리에 누우면 잠도 솔솔 잘 왔습니다. 그런데 엄마는 이제 밥도 한 공기만 먹고, 텔레비전을 봐야 할 시간에 줄넘기운동을 하라고 하시는 것입니다.

“엄마, 난 줄넘기 잘 못해요. 조금만 뛰어도 숨이 차는 길요.”

우람이는 숟가락을 들고 울먹거리는 목소리로 말했습니다.

“그러니까 운동을 해야 돼. 가람이 형 봐라. 배도 안 나오고 얼마나 건강해 보이니? 너도 이제부터 운동을 하는 거야, 알았지?"

"그래두……."

우람이는 여전히 내키지 않았습니다. 우람이는 운동을 정말 싫어합니다. 학교에서도 체육시간이 가장 싫었습니다. 아이들이 모두 날쌔게 달리는 달리기 시합에서도 우람이는 항상 꼴찌입니다.

"오늘부터 해야 돼. 엄마가 줄넘기 기구 사다 줄게."

우람이는 마지못해 고개를 끄덕였습니다.

다음날부터 우람이는 밤마다 줄넘기를 하기 시작했습니다. 엄마가 옆에서 갯수를 세어 주었습니다. 처음에는 열 번 밖에 하지 못했던 줄넘기가 다음날에는 열다섯 번, 그 다음날은 스무 번으로 늘었습니다. 우람이는 줄넘기 갯수가 자꾸 늘자 재미가 붙기 시작했습니다. 숨도 훨씬 덜 찼습니다.

"엄마, 나도 형이랑 같이 줄넘기 할래요."

새싹이도 우람이와 같이 줄넘기를 하기 시작했습니다. 새싹이는 형보다도 더 빨리 줄넘기를 익혔습니다.

새싹이와 우람이는 줄넘기를 하다가 아빠를 맞는 날이

많았습니다. 그날도 마당에서 줄넘기를 하고 있는데 아빠의 발자국 소리가 들렸습니다. 우람이와 새싹이는 대문을 열고 아빠를 맞았습니다.

"아빠, 다녀오셨어요."

"그래."

아빠는 새싹이를 번쩍 들어올려 까실까실한 턱에 새싹이의 볼을 비볐습니다.

"앗 따가워!"

새싹이가 소리를 지르자 우람이도 아빠의 팔에 매달렸

습니다.

"아빠, 나도 해 주세요."

아빠는 우람이를 번쩍 들어 볼을 아빠의 턱에 대고 비볐습니다. 우람이는 몸부림을 치며 까르르 웃었습니다.

"우람이 요즘에 줄넘기 열심히 하니?"

"네, 매일매일 해요. 밥도 한 공기씩밖에 안 먹어요."

"매일매일 줄넘기하면 밥 많이 먹어도 돼. 아빠만 믿고 밥이 더 먹고 싶으면 더 먹어."

아빠는 눈을 찡긋해 보이셨습니다. 그리고는 손등으로 우람이의 배를 톡톡 두드리셨습니다.

"어이구, 우리 우람이 배가 쏙 들어갔네."

"정말이에요?"

"그럼 정말이구 말구. 이번 일요일에는 아빠랑 수리산 계곡에 갈까?"

계곡이라는 말에 우람이와 새싹이의 눈이 번쩍 뜨였습니다. 우람이와 새싹이는 아빠의 팔을 양쪽에서 잡고 안으로 들어갔습니다.

일요일이 되자 우람이와 새싹이는 이른 아침부터 소란을 피웠습니다. 방안을 뒤져 모자를 찾아내고 운동화도 걸

레로 문질러 말끔하게 닦았습니다.

"아빠, 빨리 가요."

우람이와 새싹이는 아빠를 재촉했습니다.

아빠는 식사를 마치시더니 다락에서 그물을 꺼내오셨습니다. 양쪽에 나무로 된 손잡이가 달린 그물이었습니다.

"이건 저번 추석에 시골에 갔을 때, 할아버지께서 안 쓰시고 치워 두신 걸 가져온 거란다. 아빠가 어렸을 때는 냇가에서 이걸로 물고기를 잡곤 했지."

"와아."

우람이와 새싹이는 그물을 만져 보았습니다. 튼튼하게 생긴 실이 촘촘하게 얽혀 있었습니다.

"우린 이걸로 물고기 잡는 거예요?"

"그래."

우람이는 커다란 물고기를 많이 잡는 상상을 했습니다. 가람이 형네 집에는 커다란 수족관이 있습니다. 수족관 안에는 은빛 비늘을 가진 잉어도 있고, 노란 비늘을 가진 붕어도 있습니다. 물풀들이 물결에 이리저리 흔들리고 그 옆에는 물레방아가 빙글빙글 돌아가고 있습니다. 우람이는 수족관이 있는 가람이 형이 부러웠습니다.

"아빠, 물고기 잡아서 집에서 키워요, 네?"

"글쎄, 그래도 잘 살지 모르겠구나. 강에서 잡은 고기를 집에서 키우면 진드기 같은 벌레가 낀다고 하던데."

우람이의 얼굴이 어두워졌습니다.

"왜요?"

"강이 오염되어 있기 때문이야. 집에서 쓰는 합성세제나 샴푸가 강으로 흘러들어 강을 오염시키고 고기들을 못 살게 한단다."

새싹이도 우람이처럼 어두운 얼굴이 되었습니다. 그러자 아빠가 두 아이의 어깨를 툭툭치며 밝게 말씀하셨습니다.

"그래도 잡아다 한번 길러보자, 좋지?"

"네."

우람이는 오염된 강에서 살고 있는 불쌍한 물고기들을 데려다 집에서 키우고 싶었습니다. 새싹이를 보니 같은 생각인 것 같았습니다.

아빠와 우람이, 새싹이는 막히고 막히는 시내를 겨우 빠져나가 수리산 계곡에 도착했습니다. 몇 시간 동안이나 차 안에서 시달린 우람이는 차에서 내리자마자 숨을 깊이 들이마셨습니다. 차 안에서의 답답한 공기보다 훨씬 시원했습니다.

"아빠, 웬 차가 그렇게 많죠? 차가 가는 시간 보다 서 있는 시간이 더 많은 것 같아요."

"정말 요즘은 차가 막히지 않는 날이 없구나. 그만큼 차가 늘었다는 소리지. 지난 30년 사이에 우리나라 차가 얼마나 늘었는지 아니? 무려 77배나 늘었단다."

"히익, 77배요?"

기지개를 켜고 있던 새싹이가 입을 크게 벌리고 아빠를

돌아보았습니다.

"그래. 그래서 도로가 막히고 공기 오염이 심해지게 되었지. 자동차가 뿜어내는 공해 물질이 얼마나 많은지 아니? 막힐 때는 보통 속도로 달릴때보다도 공해물질을 다섯 배나 더 내뿜고 연료를 3배나 더 소비한다고 하는구나. 그런데 지금도 차가 계속 늘어나고 있으니 오염문제가 더

심각해질 것 같구나."

아빠는 걱정스런 눈으로 하늘을 올려다보셨습니다.

"산성비가 내리는 것도 그것 때문이라고 하던네요? 산성비를 맞으면 식물도 죽고 사람은 머리가 빠진대요."

우람이가 자신의 머리를 싸안으면서 말했습니다.

"그래, 그러니까 되도록 가까운 거리는 차를 타지 말고 다녀야 한단다. 요즘 자전거타기 운동을 권장하는 것도 그것 때문이지."

우람이와 새싹이는 아빠의 말을 들으며 계곡으로 내려갔습니다. 계곡에는 무척이나 많은 사람들이 있었습니다.

"아빠, 사람들이 굉장히 많네요."

새싹이가 이리저리 둘러보며 말했습니다. 우람이는 벌써 계곡물이 있는 곳으로 뛰어가고 있었습니다.

"새싹아, 아빠, 이리 오세요. 물이 너무 시원해요."

우람이는 바지를 걷어붙이고 계곡 안을 첨벙첨벙 걸어 다녔습니다. 물은 우람이의 무릎까지밖에 오지 않았습니다.

새싹이도 우람이를 따라 물속으로 들어갔습니다. 시원한 물이 종아리를 간지럽혔습니다. 그런데 발밑에 자꾸만 무언가가 밟혔습니다.

“형, 발밑에 뭔가 있나 봐. 미끈거려.”

“뭔데?”

우람이는 새싹이의 발밑을 들여다보았습니다. 얕은 물인데도 강물이 깨끗하지 않아서인지 환하게 들여다보이지 않았습니다. 우람이는 물속에 손을 집어넣었습니다.

"어? 뭔가 집혔다."

우람이는 손을 물 위로 끄집어 올렸습니다. 우람이의 손에는 엉긴 비닐봉지들이 들려 있었습니다.

"에, 쓰레기네? 물속에도 쓰레기가 있어."

어느 새 옆으로 오신 아빠가 손으로 물속을 휘휘 저어 보셨습니다. 아빠의 손에도 쓰레기가 들려 있었습니다. 비닐에 시커먼 진흙이 엉겨 붙어 있었습니다.

"물고기도 없을 것 같아요. 쓰레기가 많아서 물고기가 다른 데로 도망갔을 거예요."

새싹이가 울상을 지으며 말했습니다.

"정말 그렇겠구나."

"그럼 그물은 어떻게 하죠? 물고기도 못 잡으면 괜히 가져 왔네."

우람이도 툴툴거렸습니다. 그러자 곰곰이 생각하시던

아빠가 빙그레 웃으셨습니다.

"아니지. 그물은 다 쓸 데가 있다. 그 그물로 쓰레기를 건져내 주는 거야. 어떠니?"

"고기 잡는 그물로 쓰레기를요?"

우람이와 새싹이는 쓰레기를 줍기 보다는 계곡에서 물놀이를 하며 놀고 싶었습니다.

"아빠, 난 그래도 고기 잡으면서 놀고 싶어요."

"그래, 쓰레기도 줍고 고기도 잡는 거야. 그물로 쓰레기를 건져 내다 보면 고기도 몇 마리쯤은 잡히지 않겠니? 그 중에서 제일 예쁜 놈을 골라 집에서 기르자꾸나."

아빠가 그물을 가져오자 우람이와 새싹이는 그물로 강 밑바닥을 쭈욱 훑어 나갔습니다. 그물에는 쓰레기가 가득 실려 나왔습니다. 그 중에는 깨진 병도 있었습니다.

"조심해서 다녀라. 유리를 밟으면 큰일 난다. 얼마 전에 아빠도 강에서 병을 밟아서 아주 고생을 한 적이 있단다."

"아빠 발에 붕대 감고 다니실 때요?"

"그래, 깊숙이 베이면 상처가 아물지 않아."

아빠는 발을 텀벙텀벙 떼지 않고 슬슬 바닥을 훑으면서 옮기는 법을 가르쳐 주셨습니다. 우람이와 새싹이는 바닥에 병이 없나 발바닥으로 훑으면서 걸었습니다.

"아빠, 고기는 안 잡혀요."

새싹이가 물속을 들여다보며 말했습니다. 우람이도 물고기 생각을 떨칠 수가 없었습니다.

"고기가 왜 이렇게 없어졌어요? 예전에는 많았다고 하셨잖아요. 아빠가 말씀하셨던 합성세제나 샴푸 때문이에요?"

우람이가 뾰로통하게 물었습니다.

"그래. 합성세제와 샴푸의 거품이 물속으로 흘러들었기 때문이란다."

"왜 합성세제나 샴푸 때문에 물고기가 못 살아요?"

새싹이가 물속을 들여다보던 얼굴을 들어 아빠를 바라보았습니다.

"우람이와 새싹이도 알겠지만 물속의 생물도 숨을 쉰단

다. 그러기 위해서는 물속에 공기가 있어야 하지. 그런데 합성세제나 샴푸의 거품은 물속에 공기가 녹아드는 것을 방해한단다. 그래서 물속의 생물이 숨을 쉴 수 없게 만들지. 그래서 물고기들이 죽어가고 기형이 되는 거란다."

"기형 물고기……."

우람이의 콧등에 주름이 잡혔습니다. 언젠가 책에서 보았던 등이 휜 물고기 사진이 떠올랐습니다.

"물고기가 다시 잘 살 수 있게 해 주려면 어떻게 해야 돼요?"

"집에서 사용하는 물이 많을수록 강물도 그만큼 더러워진단다. 그러니까 집에서 물을 아껴 쓰는 게 강을 되살리는 가장 좋은 방법이지. 그리고 너희들이 할 수 있는 방법이 또 한 가지 있단다."

아빠는 빙긋 웃으며 우람이와 새싹이를 쳐다보았습니다.

"뭔데요?"

"머리를 비누로 감는 거야."

우람이와 새싹이의 콧등이 동시에 찌푸려졌습니다.

"비누로 감으면 거품이 안 나잖아요?"

우람이의 말에 새싹이도 덩달아 투덜거렸습니다.

"전에 샴푸가 다 떨어져서 비누로 머리를 감았었는데, 머리카락이 사자 머리처럼 붕붕 뜨고 뻗치던 걸요?"

"하지만 고기들이 죽게 되고, 더러운 물을 마시는 것보단 머리카락이 뻗치는 게 낫지 않겠니?"

"그렇긴 하지만……."

우람이와 새싹이는 머리를 긁적였습니다. 그렇지만 고기들이 건강하게 살 수 있다면 머리쯤이야 뻗쳐도 괜찮을 것 같았습니다.

"하지만 지금 우람이와 새싹이가 함께 쓰레기 줍는 일도 물고기와 강물을 살리는 길이지."

"헤헤, 그렇죠?"

우람이와 새싹이는 물속에 담그고 있던 그물을 들어 올렸습니다. 그런데 그물 속에서 뭔가 팔딱거리는 것이 보였습니다.

"물고기다!"

우람이가 외쳤습니다. 손가락만한 물고기가 은빛 비늘을 반짝이며 팔딱거리고 있었습니다.

"정말이네!"

새싹이도 그물 안을 바라보며 입을 벌렸습니다. 새싹이가 손가락으로 건드리자 은빛 물고기는 더 세차게 몸을 팔딱거렸습니다.

"아빠, 이 물고기 집에서 키울게요."

우람이의 말에 아빠는 고개를 끄덕이셨습니다. 우람이와 새싹이는 물을 담은 비닐봉지에 물고기를 조심스럽게 넣었습니다. 물고기는 다시 유유히 헤엄을 쳤습니다.

지렁이를 닮아요

"우람아, 공 받아!"

가람이는 운동화를 신은 발로 축구공을 힘껏 찼습니다. 우람이는 허리를 숙이고 공을 기다리고 있다가 가람이가 찬 공을 되받아 찼습니다. 그런데 어이쿠, 이게 웬일입니까. 질퍽거리는 땅의 흙탕물이 튀어서 우람이의 바지를 더럽히고 말았습니다.

"으악, 어떡해!"

우람이는 얼른 뒤로 물러섰지만 이미 흙탕물은 바지에 묻어 있는 상태였습니다.

"우람이 형, 흙탕물 튀겼어?"

형들이 노는 걸 지켜보고 있던 새싹이와 개울이는 우람이에게로 달려가며 물었습니다.

"히익, 많이 튀었다."

개울이가 손으로 입을 가리며 놀란 표정을 지었습니다. 그러자 우람이도 울상을 지었습니다.

비가 온 바로 뒤라서인지 공터의 땅은 축축해져 있었습니다. 게다가 군데군데 빗물이 고여서 흙과 섞여 흙탕물을

이루고 있는 곳도 있었습니다.

"괜찮아, 우람아. 형이 닦아 줄게."

우람이가 금방이라도 울 것 같은 표정을 짓자 가람이가 주머니에서 얼른 휴지를 꺼내 우람이의 바지를 닦아 주었습니다.

"흙탕물 때문에 공놀이를 못 하겠다."

가람이의 말에 우람이는 고개를 끄덕였습니다. 가람이가 바지를 닦아 주자 우람이의 울 것 같던 표정도 풀렸습니다.

"비만 안 왔어도 재미있게 노는 건데. 그렇지, 가람이 형?"

"다른 거 하면서 놀지 뭐."

가람이는 우람이에게 씩 웃으며 말했습니다.

그때 개울이가 '악' 하고 소리를 질렀습니다. 가람이와 우람이, 새싹이는 동시에 개울이를 돌아보았습니다.

"혀, 형아, 지렁이가 내 발 위로 올라오려고 해."

개울이는 덜덜 떨리는 목소리로 말했습니다. 커다란 지렁이 한 마리가 개울이의 신발 옆을 꿈틀거리며 기어가고 있었습니다.

"헤헤, 지렁이잖아?"

가람이는 허리를 숙여 지렁이를 집어 올려 다른 곳으로 옮겨 주었습니다.

"형, 지렁이 징그럽지 않아? 손가락으로 그냥 집으면 병 생길지도 몰라."

개울이가 얼굴을 찌푸리며 가람이를 쳐다보았습니다. 우람이와 새싹이도 콧잔등을 찌푸렸습니다.

"하나도 안 징그러워. 지렁이는 깨끗한 동물이야."

"땅바닥을 기어다니는데?"

우람이가 지렁이를 집어 올렸던 가람이의 손가락을 보며 말했습니다. 가람이는 빗물이 묻은 손가락을 바지에 쓱쓱 문질러 닦았습니다.

"땅을 기어다니는 게 어때서? 게다가 지렁이는 사람들이 버린 쓰레기를 먹고서 땅을 깨끗하게 해 주는걸?"

"거 봐, 쓰레기를 먹잖아. 지저분하게."

개울이가 찌푸린 얼굴을 여전히 펴지 않은 채로 말했습니다. 가람이는 물이 묻지 않는 손바닥으로 개울이의 얼굴을 슬쩍 쓸어 주었습니다.

"지렁이는 사람들이 버린 음식 찌꺼기나 흙을 먹고 살

지만 깨끗한 땅에서만 살아. 지렁이가 많이 모여 있는 땅은 깨끗한 땅이라구. 지렁이가 얼마나 흙을 부드럽고 좋게 해 주는지 모르지?"

"지렁이가 흙을 부드럽게 해 준다구?"

가람이는 고개를 끄덕였습니다.

"지렁이는 말이야. 음식 찌꺼기나 흙을 먹고 동그랗게

생긴 똥을 싸는데, 이 똥 속에 식물이 좋아하는 비료 성분이 들어 있대. 식물들은 지렁이의 똥을 먹고 건강하게 자라게 된단다. 그리고 땅 속을 이리저리 다니면서 흙이 공기를 많이 얻을 수 있도록 길을 뚫어 주기도 하고 말야. 그래서 지렁이가 많이 사는 흙은 아주 부드러워."

새싹이는 쪼그리고 앉아 허리를 굽히고 땅바닥을 살폈습니다.

"지렁이들이 정말 좋은 일을 하네?"

개울이도 더 이상 지렁이가 더럽다는 말은 하지 않았습니다.

"가람이 형은 지렁이가 좋아?"

우람이의 말에 가람이는 뒤통수를 긁었습니다.

"헤, 좋아하는 건 아니고 싫지는 않아. 아까 그 말도 다 지렁이 이야기가 나온 책을 보고 알게 된 거야."

"내 친구들은 지렁이 보면 막 밟고 다녀."

"그러면 안 돼. 지렁이가 얼마나 고마운 생물인데. 곤충이나 동물을 함부로 죽이는 거 아니야."

가람이가 손을 내저으며 말했습니다. 그때 저만치서 아빠의 목소리가 들렸습니다.

"우람아, 새싹아."

"아빠!"

우람이와 새싹이가 아빠에게로 달려갔습니다.

"집에 가시는 거예요?"

"그래, 공놀이하고 있었니?"

아빠가 가람이의 손에 들려있는 축구공을 보고 물으셨습니다. 그러자 우람이가 흙탕물 튀긴 바지를 손바닥으로 문질렀습니다.

"축구하다 바지가 더러워졌어요."

"어이구, 많이 젖었구나. 집에 가서 갈아입어야 되겠다."

우람이와 새싹이는 가람이 형과 개울이에게 인사를 하고 아빠와 함께 집으로 돌아왔습니다.

"아빠, 가람이 형이 그러는데 지렁이가 하나도 안 징그러운 동물이래요. 오히려 아주 고마운 동물이래요."

집으로 돌아오는 길에 우람이가 말했습니다.

"우람이가 좋은 걸 배웠구나. 우리가 징그럽게 여기는 곤충이나 동물들이 얼마나 좋은 일을 하고 있는데. 지렁이, 벌, 개미, 거미……모두 없어서는 안 될 소중한 동물

이란다."

"난 벌은 싫어요."

아빠의 손을 잡고 흔들며 걷고 있던 새싹이가 뾰로통하게 말했습니다.

새싹이네 할아버지는 시골에서 양봉을 하십니다. 그래서 할아버지네 집에는 벌이 아주 많습니다. 그런데 새싹이는 작년 여름에 할아버지 댁에 갔다가 귓볼을 벌에게 쏘인 적이 있었습니다. 벌이 귓속으로 파고들려 하자 새싹이는 얼굴이 하얗게 질려서 고개를 흔들며 엉엉 울던 기억이 있습니다. 그 때만 생각하면 새싹이는 지금도 윙윙거리는 벌 소리가 귀에서 들리는 것 같았습니다.

"벌이 얼마나 무서운데."

새싹이가 여전히 뾰로통한 얼굴로 중얼거렸습니다. 새싹이는 지금도 벌만 보면 질겁을 합니다.

"새싹이가 고개만 흔들지 않았어도 벌이 쏘지 않았을 거야. 벌은 침이 하나밖에 없는데 그걸 사용하고 나면 금방 죽게 된단다. 그러니까 아무한테나 침을 쏘진 않아."

아빠가 새싹이를 보고 빙긋 웃으시며 말하셨습니다.

"그럼 날 쏘았던 그 벌도 죽었겠네."

새싹이가 조그맣게 중얼거렸습니다.

"아빠, 벌은 하루 종일 꿀만 모으나요?"

우람이가 물었습니다.

"벌은 그냥 꿀만 모으는 게 아니야. 벌들은 꿀을 모으기 위해서 이 꽃에서 저 꽃으로 날아다니며 꽃가루를 옮긴단다. 이렇게 꽃가루를 옮겨 받은 꽃들은 씨앗을 만들게 되지. 그러면 그것이 자라서 예쁜 꽃들이 되는 거란다."

"곤충이나 동물들은 일을 열심히 하나 봐요. 그러니까 꿀도 모으고 땅 속도 뚫고 돌아다니죠."

새싹이는 이제 벌이 밉다는 생각이 사라진 모양이었습니다. 아빠는 다시 얼굴이 밝아진 새싹이를 보자 흐뭇해하셨습니다.

"우리 오늘 관악산 갈까?"

"관악산요?"

새싹이와 우람이는 목소리를 높여 물었습니다.

아빠가 고개를 끄덕이시자 둘은 손을 잡고 팔짝팔짝 뛰었습니다. 관악산은 새싹이네 동네에 있는 산입니다. 그곳에는 개울도 있고 가끔은 다람쥐도 볼 수 있습니다.

"어디까지 올라가실 건데요?"

우람이가 기대에 찬 눈빛으로 아빠를 바라보았습니다.

"비 온 뒤니까 조금만 올라갔다 오자."

우람이와 새싹이는 집에 들려 엄마에게 다녀오겠다는 인사를 하고 아빠를 따라 관악산으로 올라가는 길을 걸었습니다. 토요일이라서인지 많은 사람들이 등산로를 따라

올라가고 있었습니다.

"흐음. 공기가 매우 상쾌해요. 바람도 너무 시원하구요."

우람이가 숨을 깊게 들이쉬며 들뜬 목소리로 말했습니다. 그런데 주위를 두리번거리며 걷고 있던 우람이의 눈에 군데군데 쓰레기 더미들이 보였습니다. 사람들은 지나가면서 쓰레기가 쌓여 있는 곳에 아무렇지도 않게 껌종이나 비닐봉지를 휙휙 집어 던졌습니다.

"아빠, 저기가 쓰레기장이에요?"

"저런, 쓰레기장도 아닌 곳에 마구 쓰레기를 버리는구나. 자꾸 저러다간 산까지도 병이 들고 말겠어."

아빠는 걱정스런 눈으로 쓰레기 더미들을 바라보셨습니다.

"아빠, 저 쓰레기들은 다 어디로 가요?"

"쓰레기 매립장이라는 곳으로 가지. 대부분의 쓰레기들은 청소차에 실려 쓰레기 매립장으로 가서 버려지지. 그러면 트랙터라는 거대한 기계가 그 쓰레기 위에 흙을 덮지. 결국 땅 속에 쓰레기가 파묻히는 거란다. 요즘은 쓰레기가 넘치고 넘쳐서 더 이상 쓰레기를 묻을 곳도 없다고 하더구

나."

우람이와 새싹이가 고개를 끄덕이며 걷고 있는 중에도 사람들은 계속 쌓여진 쓰레기 더미 위로 휴지를 던졌습니다.

"그럼 나중엔 우리나라가 온통 쓰레기 산이 되어버릴지도 모르겠네요. 이 산도 쓰레기 산이 되어 버리고 우리 동네도 쓰레기 산이 되어 버리면 어떡하죠? 산에 사는 동물이나 곤충들도 쓰레기 때문에 못 살게 될 거예요."

새싹이가 입술을 뾰족하게 내밀고 말했습니다. 공기 좋은 관악산 대신에 쓰레기 산이 들어선다는 건 생각만 해도 끔찍한 일이었습니다.

"그래, 계속 쓰레기가 쌓이다 보면 그렇게 될 수도 있지. 게다가 산에 쓰레기를 버리면 동물들이 다치기도 한단다. 플라스틱이나 담배꽁초, 스티로폼을 먹고 탈이 나는 동물들도 있지. 음식을 먹으려고 버려진 플라스틱 통 속에 고개를 밀어 넣었다가 빼 내지 못하고 그대로 죽는 다람쥐들도 있단다."

우람이와 새싹이의 얼굴이 어두워졌습니다. 빠르게 나무 사이를 달려 다니던 귀여운 다람쥐들이 플라스틱 통 속에 갇혀 죽는다는 건 끔찍한 일이었습니다.

"그래서 쓰레기를 줄여야 하는 거란다. 다 썼다고 생각되는 물건도 다시 한 번 또 쓰고, 폐품활용을 한다면 쓰레기산 같은 건 생겨나지 않을 거야. 동물들도 다치지 않고 말야."

"사람들도 지렁이처럼 살면 참 좋을 텐데. 지렁이는 쓰레기도 안 버리고 오히려 사람들이 버린 쓰레기로 비료를 만들어 주잖아요."

우람이는 아까 공터에서 보았던 지렁이를 생각하며 말했습니다. 우람이의 말을 들은 아빠가 껄껄 웃으셨습니다.

등산로를 따라 계속 올라가자 점점 길이 좁아지고 더 많은 나무들이 나타났습니다. 그때 산새 한 마리가 우람이와 새싹이의 머리 바로 위를 스쳐 갔습니다.

"와아, 새다!"

우람이와 새싹이는 고개를 돌리고 새가 날아가는 곳을 지켜보았습니다.

"아빠, 우리 집에도 새가 많이 날아왔으면 좋겠어요."

"산을 벗어난 도시에서는 새들이 잘 살지 못한단다. 머물 수 있는 집도 없고, 물도 별로 없기 때문이지. 안전하게 살 수 있는 집과 물만 풍족하게 있어도 새들이 산을 벗어나서도 잘 살 수 있을 거야."

우람이는 숨이 차는지 발걸음을 멈추고 숨을 몰아쉬었습니다.

"하지만 새들은 나뭇가지에만 집을 짓잖아요."

새싹이가 눈을 말똥거리며 아빠에게 말했습니다.그러자 아빠는 고개를 저으셨습니다.

"새들은 둥지를 틀지 않고도 살 수 있어. 우유곽으로 만든 집에서도 얼마든지 살 수 있단다. 새싹이가 정말 새들을 잘 보살펴 주고 싶다면 마당에 있는 나무에 구멍을 오려낸 우유곽을 매달아 줄 수도 있지. 그 밑에는 물통도 놓아주고 말이야."

"그러면 정말 새들이 우리 집 마당까지 날아 올까요?"

"그럼, 아마 우유곽 집이 모자랄 만큼 날아올걸."

새싹이의 얼굴에 환한 웃음이 번졌습니다. 새싹이는 우람이의 팔을 잡고 흔들었습니다.

"들었지, 형? 우리 오늘 당장 우유곽 새집을 만들어 주자."

새집을 만들 궁리를 하고 있는 우람이와 새싹이를 보며 아빠는 흐뭇한 웃음을 지으셨습니다. 새들을 보살펴 줄 수 있다는 생각에 우람이와 새싹이의 마음은 풍선처럼 부풀어 올랐습니다.

우유통 새집

"엄마, 저희 오늘 새집 만들기로 했어요."

우람이와 새싹이는 집으로 돌아오자마자 엄마에게 야단스럽게 말했습니다.

"새집?"

엄마는 무슨 말이냐는 듯 눈을 동그랗게 뜨셨습니다.

"새집이요, 새들을 잘 살게 해 주려면 새집을 만들어 주어야 한 대요."

"그리고 새들이 물을 먹을 수 있는 물통도 만들어 줄 거예요."

우람이와 새싹이의 마음은 기대로 부풀어 올라 있었습

니다.

"새집을 뭘로 만들건데?"

엄마는 빙그레 웃으면서 두 아이를 번갈아 보셨습니다.

"우유곽이 있어야 돼요. 커다란 우유곽이요. 그걸로 새집을 만들어 줄 거예요."

새싹이는 우유곽이 있을 만한 곳을 이리저리 둘러보며 말했습니다. 그러자 엄마가 씽크대 옆에서 한아름 우유곽을 들고 나오셨습니다.

"자, 물에 헹구어서 말려 놓은 거다. 새들이 살기에 아주 좋을 거야."

"헤헤, 고맙습니다."

새싹이와 우람이는 엄마에게서 각자 우유곽을 나누어 받았습니다. 그때 뒤에 서 계시던 아빠가 우유곽 하나를 들어 그 속을 들여다보셨습니다.

"음, 깨끗하게 마른 우유곽이구나."

아빠는 우유곽을 다시 우람이의 팔에 안겨 주셨습니다.

"새집을 만들어 주기 위해선 우선 큰 우유곽의 뚜껑을 완전히 젖힌 다음 그 안에 남아있는 우유 찌꺼기를 물로 씻어내야 한단다."

"그리고 난 뒤 말려야 되는 거죠?"

"그래."

우람이의 말에 아빠가 고개를 끄덕이셨습니다. 새싹이는 급한 마음에 자꾸만 우람이와 아빠의 팔을 잡아끌었습니다.

"형, 아빠, 빨리 마당으로 나가요."

"그래, 잠깐만 기다려라. 필요한 도구들을 가지고 나가야지."

아빠는 연장 그릇에서 칼과 못, 철사줄, 테이프를 꺼내 가지고 나오셨습니다.

"아빠, 그게 다 새집을 만들기 위해서 필요한 거예요?"

"그래, 튼튼하게 만들어 주어야 하지 않겠니?

우람이와 새싹이는 방긋 웃으며 고개를 끄덕였습니다.

마당으로 나온 우람이와 새싹이는 마당 한쪽에 우유곽을 내려놓았습니다. 아빠도 그 옆에 가지고 나온 연장과 재료들을 모아 두셨습니다.

"자, 새집을 여러 개 만들려면 시간이 꽤 걸릴 테니까 앉아서 하자꾸나."

아빠는 잔디에 털썩 앉으며 말하셨습니다. 우람이와 새싹이도 그 옆에 바싹 붙어서 앉았습니다.

"우선 새들이 들어갔다 나올 수 있는 구멍을 만들어 주어야 한단다. 자, 구멍은 여기에다 만들어 주는 거야."

아빠는 네모진 우유통의 한 면에 칼로 큼지막한 구멍을 동그랗게 오려 내었습니다. 새들이 들어갔다 나오기에 딱 알맞은 구멍이었습니다.

"그리구요?"

새싹이가 호기심이 반짝이는 눈으로 아빠를 올려다보며 물었습니다. 아빠는 못으로 우유곽에 구멍을 내셨습니다.

"구멍이 뚫린 반대편의 위아래에 두 개의 작은 구멍을 뚫는 거야. 이건 철사줄로 연결시키기 위해서란다."

"아, 철사줄로 연결해서 나무에 매달아 놓는 거예요?"

새싹이가 알았다는 듯이 말했습니다.

"그렇지. 자, 봐라. 철사줄을 이렇게 해서 연결시키는 거야."

아빠는 철사줄을 들고 위쪽에 뚫린 못구멍에 철사를 넣어 아래쪽 구멍으로 연결해 밖으로 빼내셨습니다. 우유곽은 이제 어느 정도 새집 같은 모양새를 갖추어 갔습니다.

"이제 달아 주면 되는 거예요?"

우람이가 벌떡 일어서며 말했습니다. 우람이는 당장이라도 나뭇가지에 우유통 새집을 달아주고 싶었습니다.

"아직 끝난 게 아니다. 새들을 푹신하고 따뜻하게 살 수 있게 해 주기 위해서는 바닥에 마른 풀을 깔아 주어야 하지. 우람이나 새싹이가 푹신한 이불을 깔고 자듯이 새들에게도 바닥에 깔 따뜻한 요가 필요하단다."

"제가 풀을 긁어모아 올게요."

새싹이는 마당 한구석으로 그곳에 나 있는 작을 풀들을 뜯어 왔습니다. 우람이는 땅에 떨어져 있는 나뭇잎을 주워 왔습니다. 하지만 그건 두 개 정도의 새집에 깔아줄 것밖에 되지 않았습니다.

"어쩌죠, 아빠? 이만큼 밖에 없어요."

새싹이가 손바닥을 벌려 한 주먹 정도 되는 풀을 아빠에게 보였습니다. 아빠는 껄껄 웃으셨습니다.

"오늘은 우선 그만큼만 새집을 만들어야겠구나. 나중에 산에 가서 마른 풀들을 주워 와야겠다."

"아빠, 제 나뭇잎도 섞어서 깔아요."

우람이가 바삭바삭 마른 나뭇잎들을 내밀었습니다. 아빠는 나뭇잎을 우선 우유통 안쪽 바닥에 깔고 그 위에 부드러운 풀들을 깔아 주었습니다. 새싹이는 구멍 속으로 손을 집어넣어 풀이 깔린 바닥을 만져 보았습니다.

"와아, 푹신하다. 새들이 정말 좋아할 거야."

"이제 테이프로 벌려진 우유통 뚜껑을 봉해 주기만 하면 된단다."

아빠는 테이프를 뜯어 우유통의 입구를 단단하게 봉해 주었습니다.

"자, 끝났다."

"근사한 새집이야. 형, 이거 어느 나무에 달아줄까?"

새싹이가 잔디에서 일어나 마당에 심어진 나무들을 둘러보았습니다. 그때 우람이의 눈에 커다란 목련 나무가 들어왔습니다. 그 목련 나무는 우람이네 집에 있는 나무 중에서 가장 오래된 커다란 나무였습니다.

"저 목련 나무에다 메달아 주자. 어때요, 아빠?"

"그래, 그게 좋을 것 같구나."

우람이와 새싹이는 목련 나무로 가 새집을 높이 올렸습니다. 그러나 키가 작아서인지 낮은 가지까지밖에 손이 닫지 않았습니다.

"새싹이가 아빠 목마를 타라. 높은 곳에 매달아 두어야 새들이 안전해 질 수가 있거든."

아빠가 어깨를 낮추시자 새싹이가 그 위에 올라탔습니

다. 우람이가 들고 있던 우유통 새집을 새싹이에게 건네주었습니다.

"여기쯤에다 달면 되겠지?"

새싹이는 높이 달린 가지 하나를 골라 새집이 떨어지지 않도록 깊숙히 걸어 주었습니다.

"새집이 튼튼하게 걸린 것 같지 않으면 못질을 해 주어야 할 텐데. 괜찮겠니?"

"네, 흔들리지 않게 잘 걸었어요."

아빠가 새싹이를 어깨에서 내려놓아 주셨습니다. 새싹이와 우람이는 우유통 새집을 바라보았습니다.

"형, 어떤 새가 저기에 집을 짓게 될까?"

"글쎄, 침새도 오고 비둘기도 오고 나 왔으년 좋겠어."

"헤헤, 새가족이 와서 살면 참 좋겠다, 그치?"

새싹이는 빙그레 웃으며 앞으로 우유통 새집에 들어와서 살게 될 새가족들을 생각했습니다. 그 새가족이 살고 있는 우유통집에서는 새싹이네 집에서 만큼 웃음꽃이 그치지 않을 것입니다. 어쩌면 하루종일 짹짹 웃어 대는 소리가 마당을 가득 메울지도 모릅니다.

살아있는 크리스마스 트리

"민들레는 미술 실력이 금방금방 느는구나."

미술학원 선생님이 들레의 그림을 들여다보며 칭찬을 하셨습니다.

"물감 색도 아주 잘 썼어. 들레는 아무래도 미술에 재능이 있는 것 같다."

들레는 기분이 으쓱해졌습니다. 선생님은 들레의 스케치북에 별표를 세 개나 그려 주셨습니다.

가람이는 입을 삐죽거리며 들레를 쳐다보았습니다. 가람이의 그림에는 별표가 하나 밖에 그려져 있지 않았습니다. 가람이는 그림 그리는 걸 별로 좋아하지 않았습니다.

그림을 그리는 것 보다는 태권도를 하는 게 훨씬 재미있었습니다. 그래서 미술학원 선생님이 미술 숙제를 내 주셔도 정성껏 그림을 그리지 않았습니다. 처음엔 열심히 그리다가도 계속 그리다 보면 나중엔 귀찮은 마음에 대충 그려버리고 마는 것입니다.

"가람이는 스케치는 참 열심히 한 것 같은데 물감은 너무 성의 없게 칠했구나. 그림 그리면서 딴 생각하니?"

선생님은 가람이의 그림을 보면서 말씀하셨습니다. 가람이는 고개를 저었습니다.

"딴 생각 안 해요."

학원을 마치고 집으로 돌아오는 길에 가람이는 들레의 스케치북을 슬쩍 쳐다보며 말했습니다.

"들레야, 네 그림 좀 보자."

들레는 새침을 떨며 스케치북을 감추었습니다.

"그림 한번 본다고 닳는 거 아니잖아. 보면 좀 어때?"

"싫어."

들레는 계속 새초롬하게 말했습니다. 가람이가 보면 또 뭐라고 핀잔을 줄지 모르기 때문입니다. 가람이는 들레가 정성껏 그린 그림을 보며 깔깔 웃음을 터트리곤 했었습니

다. 얼마 전에도 가람이는 들레가 그린 인물화를 보고 이렇게 말했습니다.

"이게 뭐야? 네 그림에선 사람 눈이 왜 이렇게 커? 눈 크기가 얼굴의 반은 되겠다."

들레는 가람이를 좋아하지만 장난을 지나치게 칠때는 밉기도 했습니다.

가람이는 기어코 들레의 손에서 스케치북을 빼앗아들고 말았습니다. 들레는 화가 나서 씩씩거리며 가람이를 쳐다보았습니다.

"정말 잘 그렸는지 내가 봐 준다니까."

가람이는 빠르게 스케치북을 넘겼습니다. 들레는 가람이를 향해 눈을 흘겼습니다. 하지만 마음속으로는 혹시 가람이가 잘 그렸다고 해 주지는 않을까하는 생각이 슬그머니 고개를 내밀고 있었습니다.

"조금만 그리다 만 종이가 왜 이렇게 많아?"

가람이가 스케치북을 넘겨가며 말했습니다.

"잘못 그려져서 다시 그린 거야."

들레는 다시 새초롬한 표정으로 말했습니다. 들레의 마음은 바람 빠진 풍선처럼 피시식 소리를 내며 가라앉았습니다. 가람이의 입에서 '우와!'라는 탄성이 터져 나오길 바랐는데 핀잔 섞인 말이 나왔기 때문입니다.

"연필로 스케치만 조금 한 건데? 지우개로 지우면 되잖아."

가람이는 들레를 쳐다보았습니다. 들레는 화가 나서 얼굴이 화끈거렸습니다.

"난 더러운 데다 그리는 거 싫어. 깨끗한 도화지에 그려야 그림이 잘 그려진단 말이야."

"뭐가 더러워? 깨끗하게 지우고 그리는 건데?"

"몰라!"

들레는 빽 소리를 지르고는 가람이의 손에서 스케치북을 휙 빼앗아 들었습니다. 그리고는 혼자서 성큼성큼 걸어가기 시작했습니다. 가람이는 들레가 토라지자 은근히 걱정이 되었습니다.

"들레야, 화났니?"

가람이는 들레를 뒤쫓아가며 물었습니다. 들레는 고개를 휙 돌리고 아무 말도 하지 않았습니다.

"정말 화났구나? 미안해. 너 정말 그림 잘 그렸더라."

가람이가 부드럽게 말하자 들레는 그제야 고개를 다시

앞으로 돌렸습니다. 그리고는 슬며시 곁눈질로 가람이를 보았습니다.

"정말이야?"

"그래. 내가 지금까지 본 애들 그림 중에서 최고였어."

들레의 입가에 웃음이 퍼졌습니다. 그러자 가람이도 마

음이 놓였습니다. 들레와 가람이는 서로 유치원 때부터 붙어 다닌 친척 사이입니다. 그래서인지 서로 잘 놀기도 하지만 티격태격 싸울 때도 많았습니다.

"그래도 쓸 수 있는 도화지를 그냥 버리면 안 돼."

"왜?"

들레가 눈을 깜박이며 가람이를 쳐다보았습니다.

"종이는 나무로 만드는 거니까. 나무가 종이로 만들 수 있을 만큼 크기 위해서는 30년이나 걸린대. 그렇게 오랫동안 자라서 만들어진 종이를 함부로 버리면 안 되잖아."

들레는 가람이의 얼굴을 이상하다는 듯한 눈으로 쳐다보았습니다. 장난꾸러기인 줄만 알았던 가람이가 왠지 의젓하게 보였습니다.

"하지만 나무는 얼마든지 많잖아."

"아니야, 사람들이 얼마나 많은 종이를 쓰는데. 그 종이를 다 만들려면 나무가 엄청나게 많이 필요해. 숲에 있는 나무가 싹둑싹둑 잘려지는 걸 생각해 봐. 불쌍하지 않니?"

가람이는 슬픈 듯한 표정을 지으며 들레를 쳐다보았습니다.

"너 그런데 그 얘기 누구한테 들었니?"

들레가 눈을 가늘게 뜨고 웃으면서 물었습니다.

"누구한테 듣긴? 나 혼자 알아낸 거지."

가람이는 시치미를 뚝 뗐습니다.

"거짓말. 털보 이모부한테 들은 얘기지?"

"헤헤, 어떻게 알았어?"

가람이는 머리를 긁적이며 혀를 내밀고 웃었습니다. 들레도 웃으면서 가볍게 눈을 흘겼습니다.

그때 저만치서 이모의 목소리가 들렸습니다. 이모는 새싹이와 함께 이쪽으로 걸어오고 있었습니다. 이모의 손에는 장바구니가 들려 있었습니다.

"이모, 시장 갔다 오세요?"

"그래, 너희들 학원 갔다 오는구나."

새싹이가 벙긋 웃으며 들레의 옆으로 붙어 섰습니다. 새싹이는 들레만 보면 벙긋벙긋 웃습니다.

"들레 누나, 우리 집 가자. 나랑 놀아. 응?"

"그래."

들레가 새싹이의 작은 손을 쥐며 말했습니다.

"새싹이 넌 왜 맨날 들레만 찾니?"

가람이가 새싹이를 흘겨보며 말했습니다. 그러자 새싹이는 얼른 가람이의 손도 붙잡았습니다.

"형도 가. 우리 우람이 형도 집에 있어. 아빠랑 나무 심고 있다."

오금 슈퍼

"와아, 나무 심으셔? 들레도 꼭 가서 봐야 되겠네?"

가람이가 들레를 보며 말했습니다. 들레는 입을 삐쭉 내밀었습니다. 그때 들레의 눈에 이모의 장바구니가 들어왔습니다.

"이모, 왜 장바구니를 들고 다니세요? 물건 사면 비닐봉지에 넣어 주잖아요."

들레가 이모의 헝겊으로 된 커다란 장바구니를 보며 물었습니다.

"물건을 사러 갈 때는 헝겊 가방을 들고 가는게 좋단다. 가게에서 비닐에다 물건을 넣어 주지만, 그 비닐은 물건을 꺼내자마자 금방 버리게 되잖니? 차라리 장바구니를 들고 가서 물건을 사는 게 훨씬 낫지. 물건을 일일이 포장하거나 봉지에 담는 건 낭비란다."

"그래도 비닐이나 종이봉지에 담는 게 훨씬 깔끔해 보이는데……."

들레가 말끝을 흐렸습니다.

"그건 보기에나 깔끔해 보이지, 결국은 쓰레기를 더 만드는 일밖에 되지 않아. 슈퍼마켓이나 가게에서 쓰는 종이봉지, 비닐봉지가 얼마나 많은 자원을 소비하고 있는지 아니? 15년이나 된 나무 한 그루로 만들 수 있는 종이봉지는 700개정도밖에 되지 않는단다. 나무를 15년 동안 키우기는 힘들어도 700개의 종이봉지는 금세 다 써버리지. 큰 가게 같은 곳에선 하루 동안 쓰기에도 모자랄 테니까 말이다."

"헤헤, 우린 시장 안 보니까 괜찮아요."

가람이가 두 팔을 머리 위로 올리고 쭈욱 기지개를 펴며 말했습니다. 그러자 이모가 가람이의 머리를 살짝 두드리

셨습니다.

"너희가 얼마나 많은 봉지를 낭비하는지 모르는구나? 슈퍼마켓에서 과자 하나를 사도 봉지에 넣지. 호떡 하나를 사 먹더라도 종이로 싸잖니. 그러니 그것도 엄청난 낭비지."

"그럼 어떻게 해요?"

가람이가 쑥스러운 얼굴로 물었습니다.

"봉지에 넣지 않아도 되는 건 넣지 말아야지. 과자도 그냥 들고 올 수 있고, 문방구에서 산 학용품도 포장 없이 그냥 들고 올 수 있잖니? 많이 사야 할 때는 집에 있는 봉지를 가지고 가서 거기에 담아가지고 오고 말야."

가람이는 고개를 끄덕이다가 종이봉지를 양손에 가득 들고 가는 아줌마를 가리키며 외쳤습니다.

"앗, 저 아줌마는 나무 반 그루는 베었겠다. 어, 저 아줌마도."

가람이는 종이봉지를 들고 가는 아줌마들을 가리켰습니다. 이곳저곳에서 사람들이 종이봉지나 비닐봉지를 들고 가고 있었습니다.

"엄마, 그럼 나무를 많이많이 심어야겠네요?"

"그래, 나무는 종이도 만들어 내고, 가구를 만드는 목재도 만들어 내지만 우리가 숨쉬는 데 필요한 산소도 만들어 낸단다. 새싹이가 맑은 공기로 숨을 쉬려면 나무가 많이많이 있어야 돼."

"그럼 빨리 집에 가야 되겠네. 아빠가 나무 심으시잖아요. 형아, 누나 빨리 가자."

새싹이가 가람이와 들레의 손을 잡아끌었습니다. 이모도 웃으시며 그 뒤를 따라오셨습니다.

"털보 이모부, 안녕하세요!"

"어, 너희들 왔구나. 잘 왔다. 같이 와서 나무 좀 심자."

털보 이모부는 수건으로 이마에 맺힌 땀을 닦다말고 가람이와 들레를 돌아보셨습니다. 마당에는 삽과 나무가 놓여 있었습니다.

"가람이 형!"

우람이가 모종삽을 든 채 가람이에게 달려왔습니다. 우

람이의 이마에도 땀방울이 송글송글 맺혀 있었습니다.

"우람이 너도 나무 심고 있었어?"

가람이는 마당을 둘러보며 말했습니다. 우람이는 모종삽을 번쩍 들어 보였습니다.

"아니, 난 씨앗 심고 있었어. 상추씨랑 쑥갓씨 심고 있어."

우람이는 신이 난 목소리로 말했습니다. 마당 한쪽 흙이 파헤쳐져 있었습니다.

"얼마 안 있으면 상추랑 쑥갓이 무럭무럭 자라날 거야. 그럼 가람이 형 우리 집 와서 밥먹어. 상추에 밥 싸 먹으면 굉장히 맛있다."

우람이는 침을 꿀꺽 삼켰습니다.

"집에서 먹으려고 심는 거야?"

가람이의 말에 이모부가 빙그레 웃으면서 대답해 주셨습니다.

"그렇단다, 직접 길러 먹는 채소만큼 싱싱한 채소가 없지. 하지만 먹기 위해서가 아니더라도 식물을 가꾼다는 건 소중한 거란다. 식물은 우리가 숨쉬는 공기를 맑게 해주고 또 우리 주위를 푸르게 해 주니까 말이야. 너희들, 자연시간에 식물의 필요성에 대해 배웠지?"

"네, 배웠어요. 식물은 동물과 사람이 필요로 하는 산소를 만들어 내고, 사람과 동물은 식물이 필요로 하는 이산화탄소를 내뱉는다고 배웠어요."

선생님 말씀을 열심히 듣는 들레가 자신 있는 목소리로 대답했습니다.

"와아! 역시 들레 누나야."

새싹이가 들레를 올려다보며 입을 벌렸습니다. 그러자 가람이도 목소리에 힘을 주고 한 마디 했습니다.

"그래서 식물과 동물, 사람은 서로를 필요로 하는 거야. 만일 어느 한쪽이라도 없으면 지구는 아주 살기 힘든 곳이 되고 말아."

"피, 내가 한 말과 똑같은 말이네."

"틀린 말이야."

들레가 콧방귀를 뀌자 가람이가 우겼습니다. 그러자 이모부가 껄껄 웃으며 둘 다 맞는 말이라며 가람이와 들레의 어깨를 두드리셨습니다.

"우리가 살고 있는 지구를 도와주는 거야. 지구는 푸르게 될수록 건강해지거든."

"헤헷, 내가 지구를 도와 줄 수 있다니까 괜히 어깨가 으쓱해지는데요? 털보 이모부, 저 우람이랑 같이 씨앗 심을래요."

가람이는 이모부를 올려다보며 말했습니다. 이모부는 좋다는 표시로 엄지와 검지손가락을 둥글게 오무려 보이셨습니다.

"가람이 형, 이리로 와. 아직도 씨앗 많이 남았어."

"나도 씨앗 심을래."

"나도."

들레가 가람이를 따라가자 새싹이도 덩달아 외쳤습니다. 우람이는 땅에 쪼그리고 앉아 가람이와 들레에게 씨앗 심는 법을 가르쳐 주었습니다.

"먼저 흙이 축축해지도록 물을 뿌려야 돼. 물을 너무 많이 줘도 안 좋대. 아빠가 그러시는데 뭐든지 적당한 게 좋은 거래."

가람이는 우람이의 말 대로 커다란 주전자에 든 물을 땅에 슬슬 뿌려 주었습니다.

"이만큼이면 됐지? 그리고?"

"그리고 씨앗을 이 정도 간격으로 해서 손가락으로 땅속에 밀어 넣는 거야."

우람이는 2.5센티미터 정도의 간격으로 흙 위에 뿌린 씨앗을 손가락으로 꾹꾹 눌러 땅 속으로 넣었습니다. 가람이와 들레도 씨앗을 밀어 넣었습니다. 새싹이도 형들과 누나를 따라 씨앗을 심었습니다.

"어어, 새싹이는 씨앗을 너무 깊게 밀어 넣었다. 너무 깊게 심으면 새싹이 나오질 못해."

언제부터인지 뒤에서 지켜보고 계시던 아빠가 말했습

니다.

"새싹이 못 나와요? 새싹이 나와야 되는데."

새싹이는 씨앗을 다시 흙으로 끄집어 올려 조금만 밀어 넣었습니다.

"새싹이가 자기 얼굴이 못 나올까 봐 겁먹었구나?"

들레의 말에 모두 웃음을 터뜨렸습니다. 새싹이도 덩달

아 따라 웃었습니다.

“자, 이제 마무리를 해 주어야지.”

이모부는 씨앗을 심은 흙을 가볍게 손바닥으로 두드려 주셨습니다.

“이제 매일매일 싹이 나오나 살펴보면서 물을 주면 된단다. 흙에 물기가 없으면 씨앗이 말라버려서 새싹이 나오지 않거든.”

우람이는 자기가 심은 채소 씨앗이 사랑스러운지 자꾸만 손바닥으로 흙을 쓸었습니다. 우람이의 입은 벌어져서 다물어질 줄을 몰랐습니다.

“아빠, 언제쯤에 새싹이 나올까요?”

“글쎄, 햇볕만 잘 쬐어 주고 물만 넉넉히 잘 준다면 싹이 금세 올라올 거다.”

아이들은 우람이와 함께 채소 씨앗이 심어진 땅을 오래오래 흐뭇한 마음으로 바라보았습니다.

“흠흠, 너희들. 이모부 나무 심는 건 안 도와줄 테냐?”

한참 후 이모부가 헛기침을 하시며 아이들을 둘러보았습니다.

“도와 드려야죠!”

아이들의 입가에는 채소 씨앗처럼 풋풋한 미소가 번져 있었습니다.

아이들은 작은 나무 주위에 쪼그리고 앉아 파 놓은 땅속에 나무를 심고 물을 부은 뒤, 흙으로 잘 덮어 주었습니다. 그리고는 그 위에 다시 물을 솔솔 뿌려 주었습니다.

'소중한 나무야, 무럭무럭 자라라. 네가 잘 자라면 지구가 건강해질 거야.'

아이들은 흙을 손으로 토닥여 주면서 마음속으로 중얼거렸습니다.

"털보 이모부, 저 오늘부터 스케치북이랑 공책 아껴 쓰기로 했어요. 이렇게 힘들게 키운 나무로 만든 종이를 함부로 쓸 수 없을 것 같아요."

들레가 고개를 들어 이모부를 쳐다보며 말했습니다. 들레의 긴 머리카락이 햇빛을 받아 반짝였습니다. 이모부는 입가에 살며시 미소를 띠우셨습니다. 그리고는 점점 커다란 웃음을 지으시며 말씀하셨습니다.

"얘들아, 우리 겨울이 되면 이 나무로 크리스마스 트리를 장식하는 게 어떻겠니?"

"크리스마스 트리요?"

"와아, 살아있는 나무에 트리 장식을 매단단 말이죠?"

아이들의 눈이 반짝였습니다. 모두들 다가올 크리스마스를 생각만 해도 가슴이 뛰었습니다. 지금은 봄이었지만 그런 것쯤이야 상관이 없었습니다.

"난 반짝이를 매달 거야."

"난 커다란 별을 달래."

아이들은 서로 크리스마스 트리에 무엇을 달지를 생각하며 들뜬 목소리로 말했습니다. 눈이 오려면 아직 멀었지만, 당장이라도 새하얀 눈송이가 펄펄 날릴 것만 같은 즐거운 마음이었습니다.

지렁이를 닮아요

2009. 2. 20 인쇄
2009. 2. 25 발행

엮은이 대한과학진흥회
펴낸이 신 주 황
펴낸곳 스완미디어
등록 제2-4534호
주소 서울 · 중구 만리동1가 12-33 태영빌딩
대표전화 02) 02-393-0026
팩스 02) 02-312-8349

ISBN 978-89-92565-38-7

값 8,500원
※ 잘못된 책은 구입하신 곳에서 바꾸어 드립니다